智能网联汽车专业"岗课赛证"融通活页式创新教材

智能网联汽车传感器技术与应用

组编　行云新能科技（深圳）有限公司
主编　李　勇　于晓英　谢达城
参编　吴立新　刘小莉　刘媛媛
　　　孙慧芝　李海宁　闫红方
　　　苏学园　杨　辉

机械工业出版社

本书内容包括环境感知与智能传感器基本认知、视觉传感器技术与应用、毫米波雷达技术与应用、激光雷达技术与应用、超声波传感器技术与应用、GPS定位技术与应用、惯性测量单元（IMU）技术与应用，以及智能驾驶多传感器融合技术及应用8个能力模块，共19个任务。本书以"做中学"为主导，以程序性知识为主体，配以必要的陈述性知识和策略性知识，重点强化"如何做"，将必要知识点穿插于各个"做"的步骤中，边学习、边实践，同时将"课程思政"融入课程的培养目标，在实训教学中渗透理论的讲解，使所学到的知识能够融会贯通，让学生具有独立思考、将理论运用于实践的动手能力，成为从事智能网联汽车相关工作的高素质技能型专业人才。

本书内容通俗易懂，可作为职业院校新能源汽车技术、智能网联汽车技术、智能网联汽车工程技术等相关专业的教材，也可供从事相关专业工作的工程技术人员阅读参考。

图书在版编目（CIP）数据

智能网联汽车传感器技术与应用 / 行云新能科技（深圳）有限公司组编；李勇，于晓英，谢达城主编. — 北京：机械工业出版社，2023.6（2024.8重印）
智能网联汽车专业"岗课赛证"融通活页式创新教材
ISBN 978-7-111-73395-9

Ⅰ.①智… Ⅱ.①行… ②李… ③于… ④谢… Ⅲ.①智能控制 – 汽车 – 传感器 – 职业教育 – 教材 Ⅳ.①U463.6

中国国家版本馆CIP数据核字（2023）第115514号

机械工业出版社（北京市百万庄大街22号　邮政编码100037）
策划编辑：谢　元　　　　　责任编辑：谢　元　丁　锋
责任校对：韩佳欣　王　延　　封面设计：马精明
责任印制：单爱军
北京虎彩文化传播有限公司印刷
2024年8月第1版第2次印刷
184mm×260mm·12.25印张·263千字
标准书号：ISBN 978-7-111-73395-9
定价：49.00元

电话服务　　　　　　　　　　网络服务
客服电话：010-88361066　　　机　工　官　网：www.cmpbook.com
　　　　　010-88379833　　　机　工　官　博：weibo.com/cmp1952
　　　　　010-68326294　　　金　书　网：www.golden-book.com
封底无防伪标均为盗版　　　　机工教育服务网：www.cmpedu.com

智能网联汽车专业"岗课赛证"融通活页式创新教材

丛书编审委员会

主　任　　吴立新　行云新能科技（深圳）有限公司

副主任　　吕冬明　机械工业教育发展中心
　　　　　　程安宇　重庆邮电大学
　　　　　　丁　娟　浙江天行健智能科技有限公司
　　　　　　王　潇　深圳市速腾聚创科技有限公司
　　　　　　谢启伟　北京中科慧眼科技有限公司

委　员　　陈纪钦　河源职业技术学院
　　　　　　邓剑勋　重庆电子科技职业技术大学
　　　　　　李　勇　山东交通职业学院
　　　　　　吴海东　广东轻工职业技术大学
　　　　　　谢　阳　惠州城市职业技术学院
　　　　　　徐艳民　广东机电职业技术学院
　　　　　　游　专　无锡职业技术学院
　　　　　　于晓英　山东交通职业学院
　　　　　　邹海鑫　深圳信息职业技术学院
　　　　　　张朝山　杭州科技职业技术学院

资源说明页

本书附赠 15 个富媒体资源，内含 10 个微课视频、5 个动画，总时长 55 分钟。

获取方式：

1. 微信扫码（封底"刮刮卡"处），关注"天工讲堂"公众号。
2. 选择"我的"—"使用"，跳出"兑换码"输入页面。
3. 刮开封底处的"刮刮卡"获得"兑换码"。
4. 输入"兑换码"和"验证码"，点击"使用"。

通过以上步骤，您的微信账号即可免费观看全套课程！

首次兑换后，微信扫描本页的"课程空间码"即可直接跳转到课程空间，或者直接扫描内文"资源码"即可直接观看相应富媒体资源。

课程空间码

序

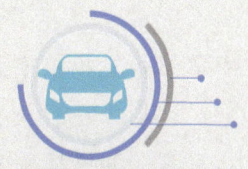

当前，全球汽车产业进入百年未有之大变革时期，汽车电动化、网联化和智能化水平不断提升，智能网联汽车已成为世界公认的汽车产业未来发展的方向和焦点。党的二十大报告提出："建设现代化产业体系。坚持把发展经济的着力点放在实体经济上，推进新型工业化，加快建设制造强国、质量强国、航天强国、交通强国、网络强国、数字中国。"这为推动智能网联汽车发展、助力实体经济指明了方向。

智能网联汽车是跨学科、跨领域融合创新的新产业，要求企业员工兼具车辆、机械、信息与通信、计算机、电气、软件等多维专业背景。从行业现状来看，大量从业人员以单一学科专业背景为主，主要依靠在企业内"边干边学"完善知识结构，逐步向跨专业复合型经验人才转型。这类人才的培养周期长且培养成本高，具备成熟经验的人才尤为稀缺，现有存量市场无法匹配智能网联汽车行业对复合型人才的需求。

为了响应高速发展的智能网联汽车产业对素质高、专业技术全面、技能熟练的大国工匠、高技能人才的迫切需求，为了响应《国家职业教育改革实施方案》提出的"建设一大批校企'双元'合作开发的国家规划教材，倡导使用新型活页式、工作手册式教材并配套开发信息化资源"的倡议，行云新能科技（深圳）有限公司联合中职、高职、本科、技工技师类院校的一线教学老师与华为、英特尔、百度等行业内头部企业共同开发了智能网联汽车专业"岗课赛证"融通活页式创新教材。

行云新能在华为MDC智能驾驶技术的基础上，紧跟华为智能汽车的智能座舱—智能网联—智能车云全链条根技术和产品，构建以华为智能汽车根技术为核心的智能网联汽车人才培养培训生态体系，建设中国智能汽车人才培养标准。在此基础上，我们组织多名具有丰富教学和实践经验的汽车专业教师和智能网联汽车企业技术人员一起合作，历时两年，共同完成了"智能网联汽车专业'岗课赛证'融通活页式创新教材"的编写工作。

本套教材包括《智能网联汽车概论》《Arduino编程控制与应用》《Python人工智能技术与应用》《ROS原理与技术应用》《智能网联汽车传感器技术与应用》《智能驾驶计算平台应用技术》《汽车线控底盘与智能控制》《车联网技术与应用》《汽车智能座舱系统与应用》《车辆自动驾驶系统应用》《智能网联汽车仿真与测试》共十一本。

多年的教材开发经验、教学实践经验、产业端工作经验使我们深切地感受到，教材建设是专业建设的基石。为此，本系列教材力求突出以下特点：

1) 以学生为中心。活页式教材具备"工作活页"和"教材"的双重属性，这种双重属性直接赋予了活页式教材在装订形式与内容更新上的灵活性。这种灵活性使得教材可以依据产业发展及时调整相关教学内容与案例，以培养学生的综合职业能力为总目标，其中每一个能力模块都是完整的行动任务。按照"以学生为中心"的思路进行教材开发设计，将"教学资料"的特征和"学习资料"的功能完美结合，使学生具备职业特定技能、行业通用技能以及伴随终身的可持续发展的核心能力。

2) 以职业能力为本位。在教材编写之前，我们全面分析了智能网联汽车技术领域的特征，根据智能网联汽车企业对智能传感设备标定工程师、高精度地图数据采集处理工程师、智能网联汽车测试评价工程师、智能网联汽车系统装调工程师、智能网联汽车技术支持工程师等岗位的能力要求，对职业岗位进行能力分解，提炼出完成各项任务应具备的知识和能力。以此为基础进行教材内容的选择和结构设计，人才培养与社会需求的无缝衔接，最终实现学以致用的根本目标。同时，在内容设置方面，还尽可能与国家及行业相关技术岗位职业资格标准衔接，力求符合职业技能鉴定的要求，为学生获得相关的职业认证提供帮助。

3) 以学习成果为导向。智能网联汽车横跨诸多领域，这使得相关专业的学生在学习过程中往往会感到无从下手，我们利用活页式教材的特点来解决此问题，活页式教材是一种以模块化为特征的教材形式，它将一本书分成多个独立的模块，以某种顺序组合在一起，从而形成相应的教学逻辑。教材的每个模块都可以单独制作和更新，便于保持内容的时效性和精准性。通过发挥活页式教材的特点，我们将实际工作所需的理论知识与技能相结合，以工作过程为主线，便于学生在实际的操作过程中掌握工作所需的技能和加深对理论知识的认知。

总体而言，本活页式教材以学生为中心，以职业能力为本位，以学习成果为导向，让学生在教师指导下经历完整的工作过程，创设沉浸式教学环境，并在交互体验的过程中构建专业知识，训练专业技能，从而促进学生自主学习能力的提升。每一个任务均以学习目标、知识索引、情境导入、获取信息、任务分组、工作计划、进行决策、任务实施、评价反馈这九个环节为主线，帮助学生在动手操作和了解行业发展的过程中领会团结合作的重要性，培养执着专注、精益求精、一丝不苟、追求卓越的工匠精神。在每个能力模块中引入了拓展阅读，将爱党、爱国、爱业、爱史与爱岗教育融入课程中。为满足"人人皆学、处处能学、时时可学"的需要，本活页式教材同时搭配微课等数字化资源辅助学习。

虽然本系列教材的编者在智能网联汽车应用型人才培养的教学改革方面进行了一些有益的探索和尝试，但由于水平有限，教材中难免存在错误或疏漏之处，恳请广大读者给予批评指正。

丛书编委会

前　言

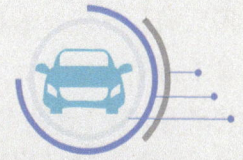

党的二十大报告指出："统筹职业教育、高等教育、继续教育协同创新，推进职普融通、产教融合、科教融汇，优化职业教育类型定位。"产教融合是培养智能网联汽车产业端所需的素质高、专业技术全面、技能熟练的大国工匠、高技能人才的重要方式，也是我们教材体系建设的重要依据。

2022年11月上旬，工业和信息化部与公安部联合发布《关于开展智能网联汽车准入和上路通行试点工作的通知（征求意见稿）》。在电动化、智能化、网联化、共享化已成为汽车产业发展趋势的当下，政策的利好更进一步地推动了产业的健康发展。工业和信息化部数据显示，2022年上半年，我国具备组合驾驶辅助功能的乘用车销量达288万辆，渗透率提高至32.4%，同比增长46.2%。国家智能网联汽车创新中心数据显示，到2025年，我国智能网联汽车产业仅汽车部分新增产值将超过1万亿元；到2030年，汽车部分新增的产值将达到2.8万亿元。智能网联汽车行业的快速发展推进了产业端对人才的需求，根据教育部等三部门联合印发的《制造业人才发展规划指南》，未来节能与新能源汽车人才缺口为103万人，智能网联汽车人才缺口为3.7万人，汽车行业技术人才、数字化人才非常稀缺。而智能网联汽车产业作为汽车、电子、信息、交通、定位导航、网络通信、互联网应用等行业领域深度融合的新兴产业，各院校在专业建设时往往会遇到行业就业岗位模糊、专业建设核心不清等情况。在政策大力支持、产业蓬勃发展的大背景下，为满足行业对智能网联汽车技术专业人才的需要，促进中职、高职、职教本科类院校汽车类专业建设，特编写本教材。

智能网联汽车传感器是智能网联汽车的关键技术，环境感知系统会通过各种类型的智能传感器获取数据，因此智能传感器技术是智能网联汽车控制系统的基础。

本教材围绕智能网联汽车相关专业"岗课赛证"综合育人的教育理念与教学要求，基于"学生为核心、能力为导向、任务为引领"的理念编写。在对智能网联技术技能人才岗位特点、1+X职业技能等级证书和"校—省—国家"三级大赛体系进行调研的基础上，分析出岗位典型工作任务，进而创设真实的工作情景，引入企业岗位真实的生产项目，强化产教融合深度，从而构建整套系统化的课程体系。

本教材分为8个能力模块。能力模块一为对环境感知与智能传感器的基本认知，通过环境感知系统的定义、感知对象、常见的环境感知传感器等多个知识点完成对智能驾驶环境感知系统的初步了解；能力模块二为掌握视觉传感器技术与应用，认知单目与双目摄像头，了解单目与双目摄像头的工作原理；能力模块三为掌握毫米波雷达技术与应用，讲授了毫米波雷达的类型、技术参数、测量原理以及毫米波雷达应用实例；能力模块四为掌握激光雷达技术与应用，讲授了激光雷达的基本组成、激光雷达的工作原理以及激光雷达的数据解析；能力模块五为掌握超声波传感器技术与应用，讲授了超声波传感器的类别、基本特性、工作原理以及实际案例；能力模块六为掌握GPS定位技术与应用，讲授了GPS定位技术的系统构成、GPS的工作原理及GPS的应用场景；能力模块七为掌握IMU技术与应用，讲授了惯性导航传感器的分类、组成、原理及与GPS的联合应用；能力模块八为掌握智能驾驶多传感器融合技术及应用，讲授了多传感器的融合及应用、视觉与激光雷达融合应用及IMU与激光雷达融合应用。

能力模块		理论学时	实践学时	权重
能力模块一	对环境感知与智能传感器的基本认知	2	0	3%
能力模块二	掌握视觉传感器技术与应用	4	8	19%
能力模块三	掌握毫米波雷达技术与应用	3	4	11%
能力模块四	掌握激光雷达技术与应用	4	6	16%
能力模块五	掌握超声波传感器技术与应用	2	4	9%
能力模块六	掌握GPS定位技术与应用	2	4	9%
能力模块七	掌握惯性测量单元（IMU)技术与应用	3	4	11%
能力模块八	掌握智能驾驶多传感器融合技术及应用	8	6	22%
总计		28	36	100%

本书由山东交通职业学院李勇、山东交通职业学院于晓英、江西应用技术职业学院谢达城主编；行云新能科技（深圳）有限公司吴立新、山东交通职业学院刘小莉、山东交通职业学院刘媛媛、山东交通职业学院孙慧芝、行云新能科技（深圳）有限公司李海宁、行云新能科技（深圳）有限公司闫红方、行云新能科技（深圳）有限公司苏学园、行云新能科技（深圳）有限公司杨辉参与编写。

由于编者水平有限，本书内容的深度和广度难免存在欠缺，欢迎广大读者予以批评指正。

编 者

活页式教材使用注意事项

 根据需要，从教材中选择需要夹入活页夹的页面。

 小心地沿页面根部的虚线将页面撕下。为了保证沿虚线撕开，可以先沿虚线折叠一下。注意：一次不要同时撕太多页。

选购孔距为80mm的双孔活页文件夹，文件夹要求选择竖版，不小于B5幅面即可。将撕下的活页式教材装订到活页夹中。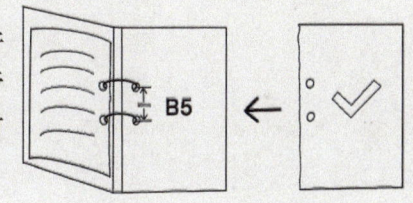

 也可将课堂笔记和随堂测验等学习资料，经过标准的孔距为80mm的双孔打孔器打孔后，和教材装订在同一个文件夹中，以方便学习。

温馨提示：在第一次取出教材正文页面之前，可以先尝试撕下本页，作为练习

目 录

序
前言

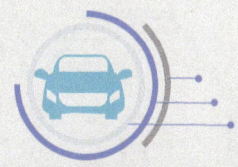

能力模块一

01 对环境感知与智能传感器的基本认知 /001

任务一 认知智能驾驶环境感知系统 /001

任务二 认知智能驾驶感知传感器 /010

能力模块二

02 掌握视觉传感器技术与应用 /018

任务一 认知视觉传感器 /018

任务二 实现单目摄像头的应用 /032

任务三 实现双目摄像头的应用 /044

能力模块三

03 掌握毫米波雷达技术与应用 /055

任务一 认知毫米波雷达 /055

任务二 实现毫米波雷达的应用 /066

能力模块四

04 掌握激光雷达技术与应用 /075

任务一 认知激光雷达 /075

任务二 实现单线激光雷达的应用 /087

任务三 实现多线激光雷达的应用 /097

能力模块五 05

掌握超声波传感器技术与应用 /107

任务一　认知超声波传感器 /107

任务二　实现超声波传感器的应用 /115

能力模块六 06

掌握 GPS 定位技术与应用 /123

任务一　认知 GPS 定位技术 /123

任务二　实现 GPS 定位技术的应用 /132

能力模块七 07

掌握惯性测量单元（IMU）技术与应用 /141

任务一　认知 IMU 定位技术 /141

任务二　实现 IMU 定位技术的应用 /150

能力模块八 08

掌握智能驾驶多传感器融合技术及应用 /157

任务一　认知多传感器融合 /157

任务二　实现视觉与激光雷达融合的应用 /165

任务三　实现激光雷达与 IMU 融合的应用 /176

参考文献 /183

能力模块一
对环境感知与智能传感器的基本认知

任务一　认知智能驾驶环境感知系统

学习目标

- 了解环境感知系统的定义和组成。
- 了解智能网联汽车环境感知对象的组成。
- 掌握环境感知传感器的类型和配置。
- 了解环境感知技术的未来发展趋势。
- 探索我国智能网联环境感知产业的发展历程，了解其重要性，树立职业自豪感。

知识索引

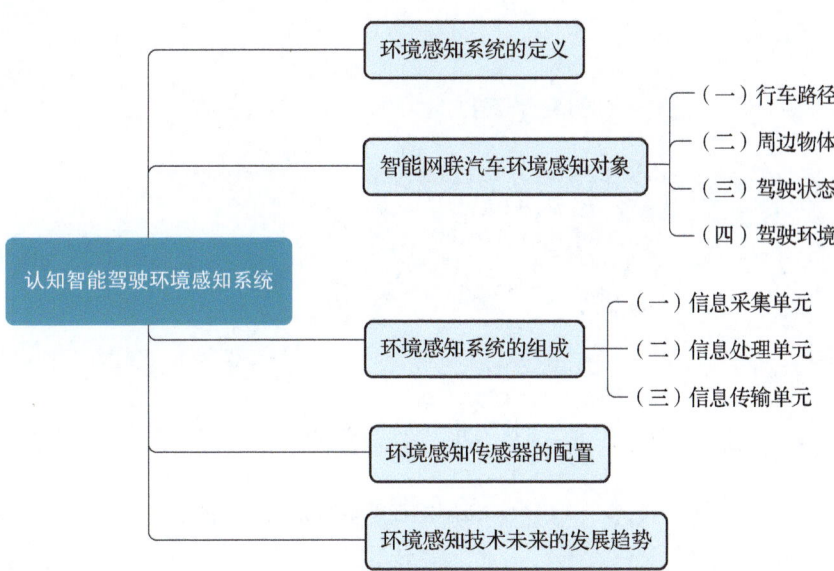

情境导入

某品牌传感器科技企业近期招聘了 3 名标定测试工程师实习生,他们对智能网联汽车环境感知技术产业还不是很了解,你作为一名标定测试工程师,HR 请你为 3 名新员工讲解环境感知技术基础知识以及行业发展趋势。

获取信息

引导问题 1

在智能网联汽车领域,智能网联的核心技术就是感知、决策与执行,了解这些专业术语的含义是初学者入门的第一步,请查阅相关资料,简述环境感知系统的定义。

_____

_____

环境感知系统的定义

智能网联汽车环境感知系统相当于人的感官神经,它利用车载视觉传感器、激光雷达、毫米波雷达、超声波传感器以及 V2X 通信技术等,获取智能网联汽车周围的环境信息,包括车辆、行人、道路和环境等,以上信息经过处理后传输给车载控制单元(ECU),为智能网联汽车的安全行驶提供及时、准确和可靠的决策依据,如图 1-1-1 所示。

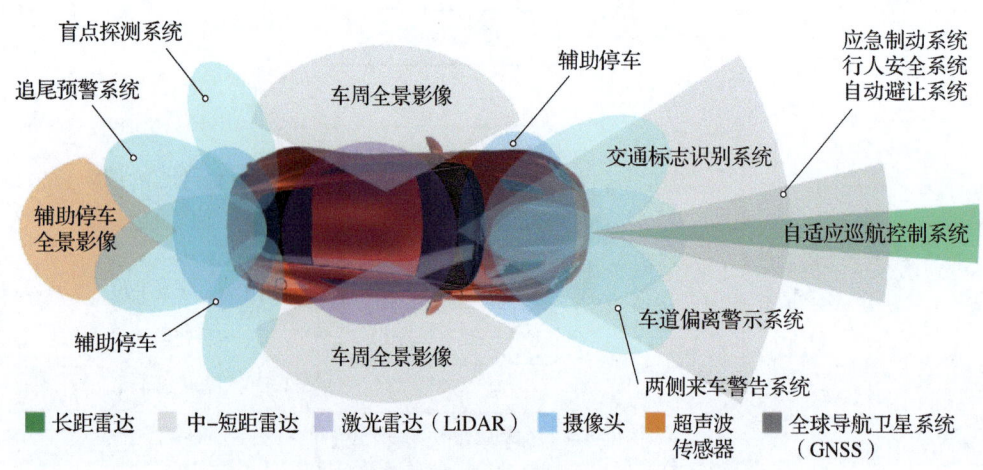

图 1-1-1 环境感知传感器在智能网联汽车上的应用

> **引导问题 2**
>
> 请查阅相关资料,答一答。
> 智能网联汽车环境感知对象主要包括以下几个方面?（　　）
> A. 行车路径　　　　B. 周边物体　　　　C. 驾驶状态　　　　D. 驾驶环境

智能网联汽车环境感知对象

随着汽车智能化技术的发展,智能网联车辆近几年出现在人们的视野中,智能网联技术的发展能给人们的生活带来便利,同时也可以减少交通事故的发生。智能网联汽车环境感知对象主要包括以下几个方面。

（一）行车路径

行车路径是指车辆可行驶的道路区域,分为结构化道路和非结构化道路,如图1-1-2和图1-1-3所示。

结构化道路一般是指高速公路、城市干道等结构化较好的公路,这类道路具有清晰的道路标志线,道路的背景环境比较单一,道路的几何特征也比较明显,针对它的路径识别主要包括行车线、行车路边缘、道路隔离物。

非结构化道路一般是指城市非主干道、乡村街道等结构化程度较低的道路,这类道路没有车道线和清晰的道路边界,再加上受阴影和水迹等的影响,道路区域和非道路区域难以区分,针对它的路径识别主要包括路面环境状况的识别和可行驶路径的确认。

图 1-1-2　结构化道路

图 1-1-3　非结构化道路

（二）周边物体

周边物体主要包括车辆、行人和地面上可能影响车辆通过性、安全性的其他各种移动或静止物体、各种交通标志和交通信号灯等。如图1-1-4所示,特斯拉 Model S 行车时,通过前风窗玻璃上安装的摄像头的感知,可实现对前方环境中车辆、交通标志、行人及行车路段的识别。

图 1-1-4　周边物体

（三）驾驶状态

驾驶状态包括驾驶人自身状态和车辆自身行驶状态的识别。

（四）驾驶环境

驾驶环境检测主要包括路面状况、道路交通拥堵情况和天气状况的识别。

> **引导问题 3**
>
> 请查阅相关资料，了解环境感知系统的组成，简述主要的组成部分有哪些。
> _____
> _____
> _____

环境感知系统的组成

智能网联汽车的环境感知系统由信息采集单元、信息处理单元和信息传输单元组成，如图 1-1-5 所示。

（一）信息采集单元

对环境的感知和判断是智能网联汽车工作的前提和基础，感知系统获取周围环境和车辆信息的实时性和稳定性，直接关系到后续检测或识别的准确性和执行的有效性。

信息采集单元主要包括惯性元件、超声波传感器、激光雷达、毫米波雷达、视觉传感器、定位导航及车载自组织网络等。

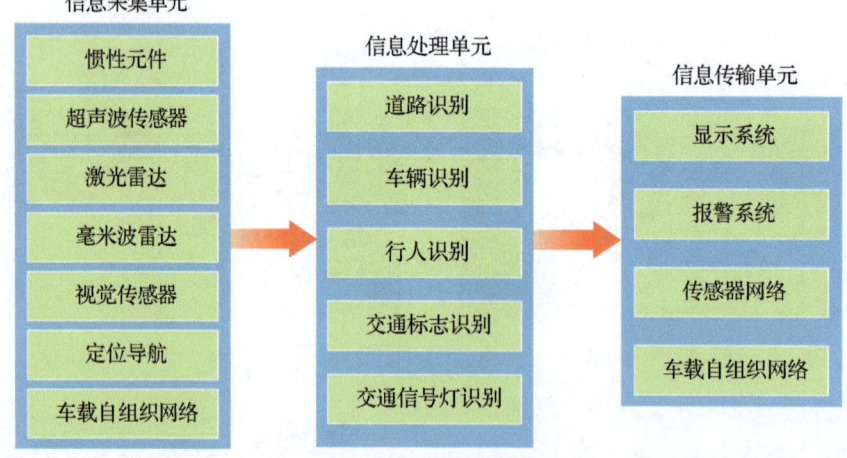

图 1-1-5　环境感知系统的组成

（二）信息处理单元

信息处理单元主要是对信息采集单元输送来的信号，通过一定的算法对道路、车辆、行人、交通标志和交通信号灯等进行识别，为智能网联汽车安全行驶提供保障。

（三）信息传输单元

信息处理单元对环境感知信号进行分析后，信息送入传输单元，传输单元根据具体情况执行不同的操作。信息传输单元包括显示系统、报警系统、传感器网络和车载自组织网络。显示系统是把信息处理单元传输来的重要信息显示出来，供驾驶员观看。

报警系统是把信息处理单元传输来的危险信息用报警的方式提供给驾驶员，如信息处理单元分析信息后确定前方有车辆，并且本车与前方车辆之间的距离小于安全距离，报警系统就会启动，如图 1-1-6 所示。

信息传输单元把信息传输到传感器网络上，可以实现车辆内部信息资源共享。车载自组织网络把信息处理单元传输来的信息传输给车辆周围的其他车辆，实现车辆与车辆之间的信息共享。

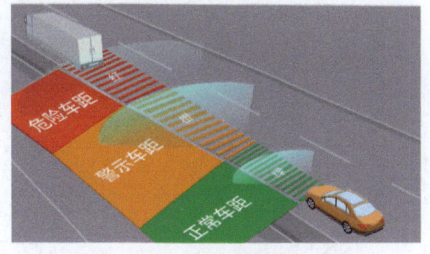

图 1-1-6　车辆碰撞报警系统

> **引导问题 4**
>
> 请查阅相关资料，智能网联汽车上一般搭载多少个传感器，以实车为例。
>
> _____
>
> _____

环境感知传感器的配置

智能网联汽车的环境感知传感器主要有超声波传感器、毫米波雷达、激光雷达、单/双/三目摄像头、环视摄像头等，它们在智能网联汽车上的配置与自动驾驶级别有关，自动驾驶级别越高，配置的传感器越多。

典型环境感知传感器基本配置见表 1-1-1。

表 1-1-1　典型环境感知传感器基本配置

传感器	数量/个	最小感知范围	备注
环视摄像头（高清）	4	8m	1. 前向和侧向毫米波雷达不能互换 2. 毫米波雷达和激光雷达互为冗余 3. 传感器供应商不同，数据存在出入，仅供参考
前视摄像头（单目）	1	50°/150m	
超声波传感器	12	5m	
侧向毫米波雷达（24GHz）	4	110°/60m	
前向毫米波雷达（77GHz）	1	15°/170m	
激光雷达	1	110°/100m	

随着汽车智能化和网联化技术的发展，智能网联汽车配置的先进传感器的数量将会逐渐增加，预计无人驾驶汽车将会装配 40 个左右的先进传感器。

以国产品牌蔚来为例，蔚来 ET7（图 1-1-7）搭载了 33 个传感器，其中包括 1 个超远距高精度激光雷达、7 个 800 万像素高清摄像头、4 个 300 万像素高感光环视专用摄像头、1 个驾驶员增强感

图 1-1-7　蔚来 ET7

知单元、5个毫米波雷达、12个超声波传感器、2个高精度定位单元和V2X车路协同单元。

> **引导问题 5**
>
> 请查阅相关资料，简述环境感知技术未来的发展趋势。
> _____
> _____
> _____

环境感知技术未来的发展趋势

对于全球汽车市场而言，平台化、轻量化、节能化、电子化、智能化以及安全化等已成为汽车领域发展的主要方向。为了抢占未来汽车产业的高地，传统汽车主机厂商纷纷布局自动驾驶领域，与此同时，全球科技巨头如谷歌、英伟达、Mobileye、百度等在自动驾驶领域的表现也非常积极。

虽然自动驾驶在全球范围内已掀起浪潮，但是在技术方面对于各主机厂而言依然存在挑战。目前，自动驾驶的痛点在于稳定可靠的感知及认知，包括清晰的视觉、优质的算法、多传感器融合，以及高效强大的运算能力。根据目前的自动驾驶案例分析，由自动驾驶引发的安全事故中，相关传感器的可能误判也成了主要原因之一。多个传感器信息融合、综合判断无疑成为提升自动驾驶安全性及赋能车辆环境感知的新趋势。多传感器融合可显著提高系统的冗余度和容错性，从而保证决策的快速性和正确性，是自动驾驶技术发展的必然趋势。

> **拓展阅读**
>
> #### 40页141次！对中国封锁最严重的高科技竟是传感器
>
> 据工业和信息化部电子科技委员会专家预测，到2035年，智能网联汽车将占全球新车市场的25%左右。作为智能网联汽车的核心装备之一，传感器的市场需求将随之大幅增长，蕴藏着巨大商机。对国内传感器厂商来说，增强自主创新能力、缩短与发达国家差距的任务仍十分艰巨。
>
> 通过前面的学习，我们可以了解到，智能网联汽车环境感知技术的发展离不开各种传感器，在2013年前后，我国智能网联汽车产业还存在明显短板。一是尚未形成国家层面的发展战略，缺乏大型国家项目支撑；二是技术基础薄弱，在车载高性能传感器以及汽车电子、电控系统、专用芯片等关键基础零部件领域，核心技术与产品主要被国外企业掌握；三是自主零部件企业相对弱小，行业缺乏有效协同研发机制；四是标准法规及测试能力建设相对滞后。
>
> 如今，我国智能网联汽车在整车集成、关键技术研发及产业化等方面进步明显，关键技术与智能网联整车产业化节奏保持协同。关键部件方面，毫米波雷达、

车规级激光雷达、大算力计算芯片等已取得自主突破，开始进入量产前装，逐步对国际产品形成替代。网联化技术方面，我国已形成 C-V2X 芯片、终端和系统全产业链。整车集成方面，国内多数车企量产了 L2 级辅助驾驶汽车，实现大规模商业化应用。

国内主要的智能网联汽车代表是百度阿波罗（Apollo）L4 级别的自动驾驶车辆。2022 年 7 月 21 日发布的百度 Apollo RT6 量产无人驾驶汽车配备了 38 个传感器硬件，配合 Apollo 最新一代无人驾驶系统和 1200TOPS 高算力计算单元，具备了 L4 级自动驾驶能力，从容应对中国城市各种复杂道路的无人驾驶场景。

国际上，美国的特斯拉（Tesla）公司在自动驾驶这一领域保持领先，尤其在环境感知这一方面，特斯拉从 2022 年 10 月取消了旗下车辆的超声波雷达传感器，标志着特斯拉彻底抛弃了传感器融合方案，走纯视觉方案，全车仅有 8 个摄像头传感器。

在美国主导的 2021 年 11 月更新的《瓦森纳协定》中，"sensor"（传感器）一词出现的次数多达 141 次，而目前因华为无芯可用，备受公众瞩目的芯片"Integrated Circuit"（集成电路），全文出现次数为 76 次，"semiconductor"（半导体）一词全文出现 52 次。传感器技术受制裁的范围之广，种类之多，在瓦森纳协定的各项管制技术中，绝对排名前列！

面对国外各种技术的封锁，我国的智能网联汽车企业展现出不屈不挠的精神，经过十余年的探索和发展，我国制造的传感器已经从受制于人走向技术突破，从自主创新走向世界。

任务分组

学生任务分配表

班级		组号		指导老师	
组长		学号			
组员角色分配					
信息员		学号			
操作员		学号			
记录员		学号			
安全员		学号			
任务分工					

（就组织讨论、工具准备、数据采集、数据记录、安全监督、成果展示等工作内容进行任务分工）

工作计划

按照前面所了解的知识内容和小组内部讨论的结果，制定工作方案，落实各项工作负责人，如任务实施前的准备工作、实施中主要操作及协助支持工作、实施过程中相关要点及数据的记录工作等，并将结果填入工作计划表中。

工作计划表

步骤	工作内容	负责人
1		
2		
3		
4		
5		

进行决策

1. 各组派代表阐述资料查询结果。
2. 各组就各自的查询结果进行交流，并分享技巧。
3. 教师结合各组完成的情况进行点评，选出最佳方案。

任务实施

环境感知系统认知	
记录	完成情况
1. 简述环境感知系统中常见的传感器类型。 　 2. 假设一辆智能网联汽车在夜间高速行驶中，请简述适用于远距离探测的传感器，并做出解析。 　 	已完成□ 未完成□

评价反馈

1. 各组代表展示汇报PPT，介绍任务的完成过程。
2. 请以小组为单位，对各组的操作过程与操作结果进行自评和互评，并将结果填入综合评价表中的小组评价部分。
3. 教师对学生工作过程与工作结果进行评价，并将评价结果填入综合评价表中的教师评价部分。

综合评价表

班级		组别		姓名		学号	
实训任务							
评价项目		评价标准				分值	得分
小组评价	计划决策	制定的工作方案合理可行,小组成员分工明确				10	
	任务实施	简述环境感知系统中常见的传感器类型				30	
		假设一辆智能网联汽车在夜间高速行驶中,请简述适用于远距离探测的传感器,并做出解析				30	
	任务达成	能按照工作方案操作,按计划完成工作任务				10	
	工作态度	认真严谨、积极主动				10	
	团队合作	小组组员积极配合、主动交流、协调工作				5	
	6S 管理	将鼠标、键盘、桌椅进行归位				5	
		小计				100	
教师评价	实训纪律	不出现无故迟到、早退、旷课现象,不违反课堂纪律				10	
	方案实施	严格按照工作方案完成任务实施				20	
	团队协作	任务实施过程互相配合,协作度高				20	
	工作质量	能准确完成任务实施的内容				20	
	工作规范	操作规范,三不落地,无意外事故发生				10	
	汇报展示	能准确表达、总结到位、改进措施可行				20	
		小计				100	
综合评分		小组评价分 × 50% + 教师评价分 × 50%					
总结与反思							

(如:学习过程中遇到什么问题→如何解决的/解决不了的原因→心得体会)

智能网联汽车传感器技术与应用

任务二　认知智能驾驶感知传感器

学习目标

- 了解智能网联汽车传感设备。
- 掌握智能网联汽车传感器的特点和分类。
- 了解智能网联汽车各传感器之间的不同之处。
- 具备讲解智能网联汽车各传感器作用的能力。
- 具备根据智能网联汽车的功能需求，选择合适的传感器的能力。
- 了解智能网联汽车传感器融合知识点，明确未来智能网联汽车的发展方向。

知识索引

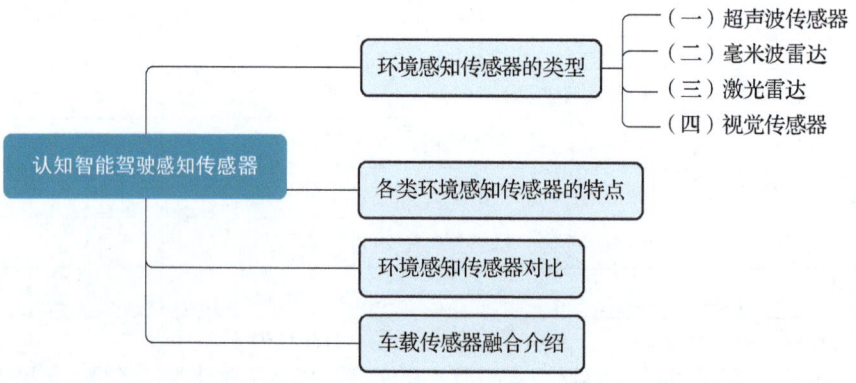

情境导入

某品牌车企，近期有新车上市，新车搭载了 36 个传感器。现某 4S 店邀请你到店，为销售人员讲解这款车上搭载的传感器的用途。作为一名传感器工程师，请你以某款车为例讲解传感器的分布以及各类传感器的作用。

获取信息

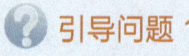

请查阅相关资料，简述智能网联汽车环境感知传感器的主要组成。

环境感知传感器的类型

智能网联汽车通过传感器来感知信息,环境感知传感器主要有超声波传感器、毫米波雷达、激光雷达和视觉传感器等。本节分别介绍几种常见的环境感知传感器。

(一)超声波传感器

超声波传感器主要用于短距离探测物体,它不受光照影响,但测量精度受测量物体表面形状、材质的影响较大,在智能网联汽车上主要用于自动辅助泊车,其结构简单、体积小、成本低,如图 1-2-1 所示。

图 1-2-1　超声波传感器

(二)毫米波雷达

毫米波雷达是智能网联汽车上应用最广泛,也是最重要的传感器之一,主要有用于短程的 24GHz 毫米波雷达和中远程的 77GHz 毫米波雷达,如图 1-2-2 所示。毫米波雷达可以准确检测前方障碍物的距离和速度信息,抗干扰能力强,具备较强的穿透雾、烟、灰尘的能力,受天气情况和光线条件的影响小,体积小,但对行人的反射波较弱,难以探测。

图 1-2-2　车载毫米波雷达

(三)激光雷达

激光雷达是无人驾驶汽车必备的传感器,根据自动驾驶级别,可以配备不同线束的激光雷达,如图 1-2-3 所示。激光雷达分为单线束和多线束激光雷达,多线束激光雷达通过点云来建立周边环境的 3D 模型,可以检测出包括车辆、行人、树木和路沿等细节。激光雷达能够直接获取物体的三维距离信息,测量精度高,对光照环境变化不敏感,抗干扰能力强,是智能网联汽车发展的最佳技术路线,但是成本较高。

图 1-2-3　激光雷达及其点云图

(四)视觉传感器

视觉传感器包括单目摄像头(图 1-2-4)、双目摄像头(图 1-2-5)、三目摄像头(图 1-2-6)和环视摄像头。单目摄像头、双目摄像头、三目摄像头主要用于中远距离场景，能识别清晰的车道线、交通标识、障碍物和行人等，但对光照和天气等条件很敏感，而且需要复杂的算法支持，对处理器的要求也比较高。

图 1-2-4　单目摄像头　　　图 1-2-5　双目摄像头　　　图 1-2-6　特斯拉三目摄像头

环视摄像头主要用于短距离场景，可识别障碍物，同样对光照和天气等外在条件很敏感。之前提到的三款视觉传感器所用的镜头都是非鱼眼的，环视摄像头的镜头是鱼眼镜头，而且安装位置是朝向地面的，如图 1-2-7 所示。目前某些高配车型上已经有"360°全景显示"功能，所用到的就是环视摄像头。

图 1-2-7　鱼眼镜头采集图像

不同传感器的感知范围不同，如图 1-2-8 所示，它们均有各自的优点和局限性，现在发展的趋势是通过传感器信息融合技术，弥补单个传感器的缺陷，提高整个智能驾驶系统的安全性和可靠性。

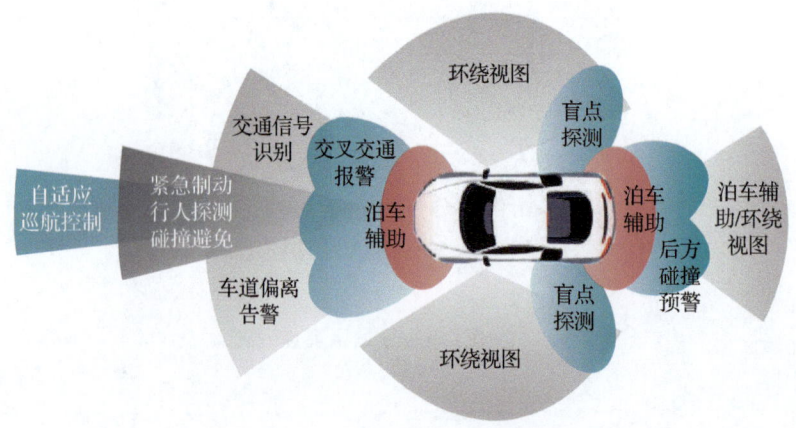

图 1-2-8　环境感知传感器的感知范围示意图

引导问题 2

在上一个任务中学习了环境感知传感器的分类,但是每个环境感知传感器都有各自的工作优缺点,请查阅相关资料分别说出各种环境传感器在工作场景中的优缺点。

_____
_____
_____

各类环境感知传感器的特点

汽车自动化的程度越高,集成在车辆中的传感器的数量和类型也越多,只有这样才能够保证信息获取充分,且有冗余保障车辆自动驾驶的安全,同时也需要了解每个传感器的性能特点,才利于多个传感器进行信息融合。各种环境感知传感器的性能特点与各种环境感知传感器的优缺点见表 1-2-1 和表 1-2-2。

表 1-2-1　各种环境感知传感器的性能特点

传感器	远距离探测能力	夜间工作能力	全天候工作能力	受气候影响	烟雾环境工作能力	雨雪环境工作能力	温度稳定性	车速测量能力
视觉传感器	强	弱	弱	大	弱	一般	强	弱
超声波传感器	弱	强	弱	小	一般	强	弱	一般
红外线传感器	一般	强	弱	大	弱	弱	一般	弱
激光雷达	强	强	弱	大	弱	一般	强	弱
毫米波雷达	强	强	强	小	强	强	强	强

表 1-2-2　各种环境感知传感器的优缺点

传感器类型	优势	劣势
视觉传感器	成本适中;可以分辨出障碍物的距离和大小,并区分障碍物类型	与人眼一样,会受到视野范围的影响
超声波传感器	结构简单,价格便宜,体积小	会受到天气和温度变化的影响,最大测试距离一般只有几米
红外线传感器	低成本,夜间不受影响	会受天气条件限制;只能探测到近距离的物体,难以识别出行人
激光雷达	测距精度高,方向性强,响应速度快,不受地面杂波干扰	成本很高;不能全天候工作,遇到浓雾、雨、雪等极端天气无法工作
毫米波雷达	不受天气情况和光照条件的影响,可以探测到远距离(100m 以上)的物体	成本较高;对行人的反射波较弱,难以探测,需与视觉传感器互补使用

从表 1-2-1 和表 1-2-2 中可以看出,单一传感器都有其局限性,难以提供对智能

网联汽车行驶环境的全面描述。为了克服单一传感器数据可靠性低、有效探测范围小等局限性，保证在任何时刻都能为车辆运行提供完全可靠的环境信息，在智能网联汽车中使用传感器融合技术进行环境感知。利用多传感器信息融合技术对检测到的数据进行分析、综合、平衡，根据各个传感器信息在时间或空间的冗余或互补特性进行容错处理，扩大系统的时频覆盖范围，增加信息维数，避免单个传感器的工作盲区，从而得到所需要的环境信息。

 引导问题 3

请查阅相关资料，简述超声波传感器、毫米波雷达、激光雷达与视觉传感器的差异。

___

环境感知传感器对比

超声波传感器、毫米波雷达、激光雷达和视觉传感器作为主要的环境感知传感器，它们的选择需要综合考虑其性能特点和性价比，它们之间的比较见表 1-2-3。

表 1-2-3　环境感知传感器对比

项目	超声波传感器	毫米波雷达	激光雷达	视觉传感器
近距离探测	弱	强	强	较强
探测角度	120°	10°~70°	15°~360°	30°
夜间环境	强	强	强	弱
全天候	弱	强	强	弱
路标识别	不识别	不识别	不识别	识别
主要应用	泊车辅助	自适应巡航控制系统、自动紧急制动系统、前向碰撞预警系统、盲区检测系统	实时建立车辆周边环境的三维模型	车道偏离预警系统、车道保持辅助系统、盲区检测系统、前向碰撞预警系统、交通标志识别系统、交通信号灯识别系统、全景泊车系统
成本	低	适中	强	适中

 引导问题 4

请查阅相关资料，简述为什么要进行传感器融合。

车载传感器融合介绍

在实际生活中,由于复杂的交通环境(图 1-2-9)、天气及驾驶员行为的不确定性,单一传感器难以应对全天候、全场景的驾驶环境,同时单一传感器失效有可能带来致命危险。基于以上原因,仅依赖某一种类型传感器获得数据往往是不可靠的,且探测范围有限,容易出现时空盲区。为了保证环境感知系统能实时获得可靠的数据,自动驾驶汽车一般采用多种传感器同时采集数据。

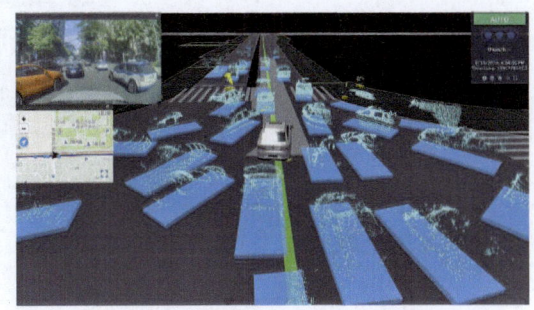

图 1-2-9　实际出行的复杂路况

车载传感器是自动驾驶系统中感知外部世界的关键,它们就像车辆的"眼耳口鼻",帮助车辆感知外部世界,听觉视觉等缺一不可,这几种感知的协作性能也直接决定了自动驾驶车辆的安全性。例如,蔚来 ET7 中搭载了 33 个传感器,使用同一个系统来采集并处理数据,对这些传感器统一坐标系和时钟信息,目的就是为了实现三同一不同:同一个目标在同一个时刻出现在不同类别的传感器的同一个世界坐标处。

数据融合的前提是各个传感器之间的标定,其目的是实现各个传感器坐标系之间的转换,将不同传感器映射到同一时空参考系中。不同传感器的数据频率是不同的,如激光雷达为 10Hz,摄像头为 25/30Hz,因此不同传感器之间的数据存在延迟,在后续的章节,我们会进一步讲解智能驾驶多传感器融合技术及应用。

任务分组

学生任务分配表

班级		组号		指导老师	
组长		学号			
组员角色分配					
信息员		学号			
操作员		学号			
记录员		学号			
安全员		学号			
任务分工					

(就组织讨论、工具准备、数据采集、数据记录、安全监督、成果展示等工作内容进行任务分工)

工作计划

按照前面所了解的知识内容和小组内部讨论的结果，制定工作方案，落实各项工作负责人，如任务实施前的准备工作、实施中主要操作及协助支持工作、实施过程中相关要点及数据的记录工作等，并将结果填入工作计划表中。

工作计划表

步骤	工作内容	负责人
1		
2		
3		
4		
5		

进行决策

1. 各组派代表阐述资料查询结果。
2. 各组就各自的查询结果进行交流，并分享技巧。
3. 教师结合各组完成的情况进行点评，选出最佳方案。

任务实施

环境感知系统认知	
记录	完成情况
1. 简述环境感知系统中常见的传感器类型。 	已完成□ 未完成□
2. 在夜间行驶中，请简述适用于远距离探测的传感器，并做出解析。 	

评价反馈

1. 各组代表展示汇报 PPT，介绍任务的完成过程。
2. 请以小组为单位，对各组的操作过程与操作结果进行自评和互评，并将结果填入综合评价表中的小组评价部分。
3. 教师对学生工作过程与工作结果进行评价，并将评价结果填入综合评价表中的教师评价部分。

综合评价表

班级		组别		姓名		学号	
实训任务							

	评价项目	评价标准	分值	得分
小组评价	计划决策	制定工作方案的合理可行,小组成员分工明确	10	
	任务实施	简述环境感知系统中常见的传感器类型	30	
		在夜间行驶中,请简述适用于远距离探测的传感器,并做出解析	30	
	任务达成	能按照工作方案操作,按计划完成工作任务	10	
	工作态度	认真严谨、积极主动	10	
	团队合作	小组组员积极配合、主动交流、协调工作	5	
	6S管理	将鼠标、键盘、桌椅进行归位	5	
		小计	100	
教师评价	实训纪律	不出现无故迟到、早退、旷课现象,不违反课堂纪律	10	
	方案实施	严格按照工作方案完成任务实施	20	
	团队协作	任务实施过程互相配合,协作度高	20	
	工作质量	能准确完成任务实施的内容	20	
	工作规范	操作规范,三不落地,无意外事故发生	10	
	汇报展示	能准确表达、总结到位、改进措施可行	20	
		小计	100	
综合评分		小组评价分×50% + 教师评价分×50%		

总结与反思

(如:学习过程中遇到什么问题→如何解决的/解决不了的原因→心得体会)

能力模块二
掌握视觉传感器技术与应用

任务一　认知视觉传感器

学习目标

- 了解视觉传感器的定义及特点。
- 掌握视觉传感器的类型及功能。
- 掌握视觉传感器的环境感知流程。
- 了解视觉传感器的应用场景。
- 了解不同品牌视觉传感器的区别，培养积极探索的精神。

知识索引

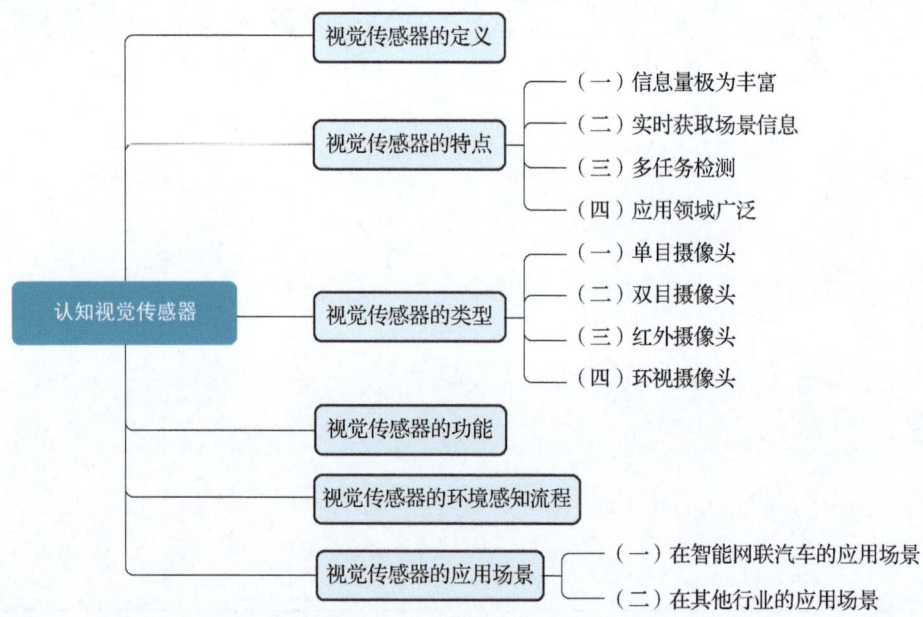

情境导入

某自动驾驶公司计划研发一款紧凑型智能驾驶汽车，现对市面上的视觉传感器进行挑选，你作为一名视觉传感器检测工程师，主管要求你对市面上的视觉传感器进行分析，并提交分析报告。

获取信息

引导问题 1

请查阅相关资料，简述视觉传感器的定义及组成。

_____
_____
_____

视觉传感器的定义

视觉传感器是利用光学元件和成像装置获取外部环境图像信息的仪器，与人类视觉最为接近。视觉传感器拥有较广的垂直场角、较高的纵向分辨率，同时可以提供物体颜色以及纹路等信息。这些信息有助于智能网联汽车实现行人检测、车辆识别、交通标志识别等任务。通常用图像分辨率与精度来描述视觉传感器的性能，以此来估算目标物体与车辆之间的相对距离和相对速度。

视觉传感器主要由光源、镜头、图像传感器、模数转换器、图像处理器和图像存储器等组成。它的主要功能是获取足够的机器视觉系统要处理的原始图像。通常把光、摄像机、图像处理器和标准的控制与通信接口等集成为一体的视觉传感器称为一个智能图像采集与处理单元。图 2-1-1 所示为视觉传感器的组成。

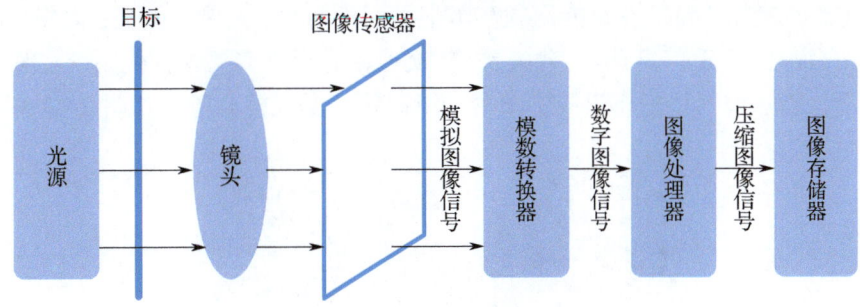

图 2-1-1 视觉传感器的组成

> **引导问题 2**
>
> 请查阅相关资料,简述视觉传感器的特点。
>
> _____
>
> _____
>
> _____

视觉传感器的特点

在智能网联汽车中,视觉传感器主要是为了测量车辆与障碍物之间的距离,并识别出障碍物。随着时代的发展与科技的需要,衍生出了多摄像头视觉传感器,但万变不离其宗,视觉传感器仍具有以下特点。

(一)信息量极为丰富

视觉图像的信息量极为丰富,尤其是彩色图像,不仅包含视野内物体的距离信息,而且还有该物体的颜色、纹理、深度和形状等信息,如图 2-1-2 所示。

(二)实时获取场景信息

在视野范围内可同时实现道路检测、车辆检测、行人检测、交通标志检测、交通信号灯检测等,信息获取面积大。当多辆智能网联汽车同时工作时,不会出现互相干扰的现象。

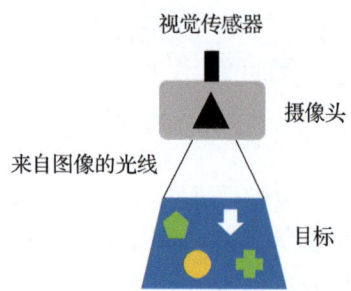

图 2-1-2 视觉传感器实时获取场景信息

(三)多任务检测

视觉信息获取的是实时的场景图像,提供的信息不依赖于先验知识(比如 GPS 导航依赖电子地图的信息),有较强的适应环境的能力。

(四)应用领域广泛

视觉传感器应用广泛,在智能网联汽车中可用于前视、后视、侧视、内视、环视等。以前视为例,夜视、车道偏离预警、碰撞预警、交通标志识别等要求视觉系统在各种天气、路况条件下,能够清晰识别车道线、车辆、障碍物、交通标志等,如图 2-1-3 所示。

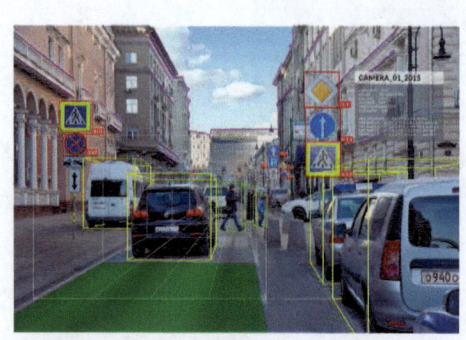

图 2-1-3 视觉传感器获取路面信息

> **引导问题 3**
>
> 请查阅相关资料，简述视觉传感器的类型。
> _____
> _____
> _____

视觉传感器的类型

（一）单目摄像头

1. 定义

单目视觉传感器模块（单目摄像头）只包含一个摄像机和一个镜头。由于很多图像算法的研究都是基于单目视觉传感器开发的，因此相对于其他类别的车载视觉传感器，单目车载视觉传感器的算法成熟度更高。图 2-1-4 所示为单目车载视觉传感器。

图 2-1-4　单目车载视觉传感器

2. 特点

单目视觉传感器具有成本低、帧速率高、信息丰富、检测距离远等优点，但易受光照、气候等环境影响，缺乏目标距离等深度信息，对目标速度的测量也不够可靠。

3. 优点

相比于基于双目视觉和采用雷达测距的方式，基于单目视觉的车辆测距方式有着不可替代的优势，见表 2-1-1。

表 2-1-1　单目视觉传感器的优点

优点	主要内容
结构简单、成本低	相比于双目视觉测距系统，单目视觉系统结构更加简单，成本更低
距离运算量小	基于单目视觉的距离计算过程中运算量更小，并且相比于双目测距，由于单目存在几何模型约束优势，使得其具有更高的精度与鲁棒性
有效视场更大	单目视觉有效视场更大：单目视觉的刚体定位不仅不依赖多个相机，定位空间还可以通过多个相机进行扩展而不发生视场范围损失

4. 缺点

单目视觉的视野完全取决于镜头且单目测距的精度较低，见表 2-1-2。

表 2-1-2　单目视觉传感器的缺点

缺点	主要内容
视野完全取决于镜头	焦距短的镜头，视野广，但缺失远处的信息。反之亦然
单目测距的精度较低	摄像机的成像图是透视图，即越远的物体成像越小。近处的物体，需要用几百甚至上千个像素点描述；而处于远处的同一物体，可能只需要几个像素点即可描述出来。这种特性会导致越远的地方，一个像素点代表的距离越大。因此，对于单目视觉来说，物体越远，测距的精度越低

（二）双目摄像头

1. 定义

由于单目测距存在缺陷，双目视觉应运而生，如图 2-1-5 所示。双目视觉传感器模块（双目摄像头）包含两个摄像机和两个镜头。相近的两个摄像机拍摄物体时，会得到同一物体在相机成像平面的像素偏移量。有了像素偏移量、相机焦距和两个车载视觉传感器的实际距离这些信息，根据数学运算即可计算出到物体的距离。

图 2-1-5 双目视觉传感器

2. 特点

与单目摄像头相比，双目摄像头的特点见表 2-1-3。

表 2-1-3 双目摄像头的特点

特点	解析
成本比单目系统高	但尚处于可接受范围内，并且与激光雷达等方案相比成本较低
没有识别率的限制	因为从原理上说无需先进行识别再进行测算，而是对所有障碍物直接进行测量
精度比单目高	直接利用视差计算距离。双目系统的一个难点在于计算量非常大，对计算单元的性能要求非常高

双目摄像头兼具了图像和激光测量的特点，但也有自身安装、标定和算法方面的挑战。在实际应用中，双目摄像头可以获取的点云数量远多于激光雷达，但是需要强大的算法适配才能进一步进行分类、识别和目标跟踪，同时也需要具有较强计算力的嵌入式芯片，才能使其优势得到发挥。

3. 优点

双目摄像头的优点见表 2-1-4。

表 2-1-4 双目摄像头的优点

优点	主要内容
简化障碍物测距过程	从测距原理上来说，相比于单目视觉，双目视觉犹如人类的双眼，主要通过两幅图像的视差计算来确定距离。双目摄像头不需要知道障碍物是什么，只要通过计算就可以测距。双目视觉的测距算法无需大量训练集数据，简化了障碍物测距过程
测距精度高	在测距精度上，基于双目视觉的测距方法比基于单目视觉的测距方法精度要高
对硬件要求和成本低	对相机硬件要求低，成本也较低。因为不需要像时差法（TOF）和结构光那样使用特殊的发射器和接收器，使用普通的消费级 RGB 相机即可
室内外均适用	由于直接根据环境光采集图像，所以在室内、室外都能使用。相比之下，TOF 和结构光基本只能在室内使用

4. 缺点

基于双目视觉的自动驾驶感知过程具有很多独特的优势，但是也有其不能忽视的缺点，见表 2-1-5。

表 2-1-5 双目摄像头的缺点

缺点	主要内容
对环境光照非常敏感	双目立体视觉法依赖环境中的自然光线采集图像，受光照角度变化、光照强度变化等环境因素的影响巨大
不适用于单调、缺乏纹理的场景	由于双目立体视觉法根据视觉特征进行图像匹配，所以对于缺乏视觉特征的场景（如天空、白墙、沙漠等）会出现匹配困难，导致匹配误差较大甚至匹配失败
计算复杂度高	该方法是纯视觉的方法，需要逐像素计算匹配；又因为上述多种因素的影响，需要保证匹配结果比较鲁棒，所以算法中会增加大量的错误剔除策略，因此对算法要求较高，想要实现可靠商用难度大，计算量较大
相机基线限制了测量范围	测量范围和基线（两个摄像头间距）关系很大，所以基线在一定程度上限制了相机的测量范围

（三）红外摄像头

1. 定义

夜间可见光成像的信噪比比较低，从而导致视觉传感器夜间成像效果不佳，而红外夜视系统可以弥补光照不足条件下视觉传感器的缺点。在光谱中，波长为 0.76~400μm 的一段称为红外线，红外线是不可见光线。所有温度高于 0K 的物体都可以产生红外线，现代物理学称之为热辐射。传统红外摄像头如图 2-1-6 所示。

红外夜视系统可分为主动夜视和被动夜视两种类型。

图 2-1-6 红外摄像头

2. 主动夜视系统工作原理

主动红外传感器的发射机发出一束经调制的红外光束，被红外接收机接收，从而形成一条红外光束组成的警戒线。当遇到树叶、雨、小动物、雪、沙尘、雾等遮挡不应报警，而人或相当体积的物品遮挡则发出报警。主动红外探测器技术主要采用一发一收，属于线形防范，现在已经从最初的单光束发展到多光束，而且还可以双发双收，最大限度地降低误报率，从而增强该系统的稳定性和可靠性。

由于红外线属于环境因素不相干性良好（对于环境中的声响、雷电、振动、各类人工光源及电磁干扰源，具有良好的不相干性）的探测介质，同时其目标因素相干性好（只有阻断红外射束的目标，才会触发报警），所以主动红外传感器将会得到进一步的推广和应用。图 2-1-7 所示为主动红外夜视技术工作流程。

3. 被动夜视系统工作原理

被动红外传感器是靠探测物体发射的红外线工作的。传感器收集外界的红外辐射进而聚集到红外传感器上。红外传感器通常采用热释电元件，这种元件在接收了红外辐射热量发生变化时就会向外释放电荷，经检测处理后发出报警。这种传感器是以探

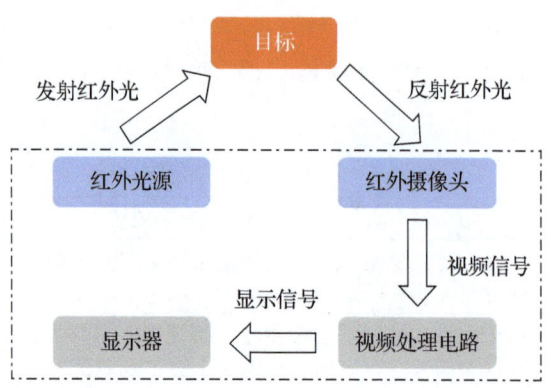

图 2-1-7　主动红外夜视技术工作流程

测人体辐射为目标的,所以辐射敏感元件对波长为 10μm 左右的红外辐射必须非常敏感。为了对人体的红外辐射敏感,在它的辐射照面通常覆盖有特殊的滤光片,以免受到环境的干扰。

这类夜视仪也称为热像仪。图 2-1-8 为被动红外夜视技术原理。

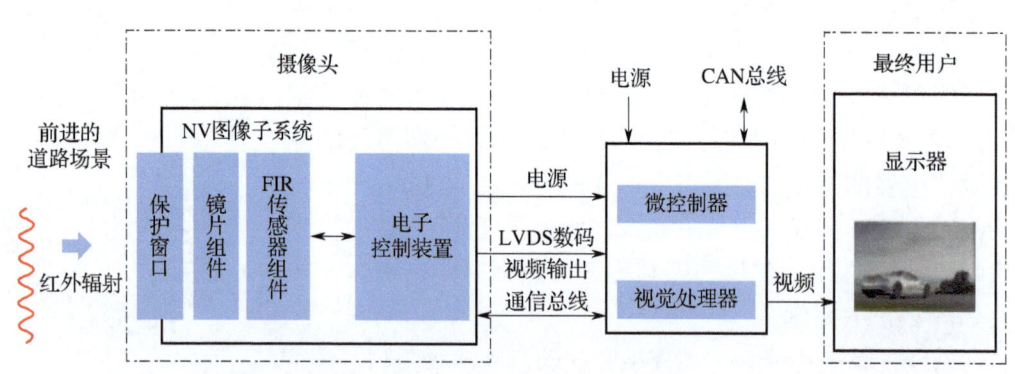

图 2-1-8　被动红外夜视技术原理

4. 特点

红外夜视系统是视觉传感器的一个独特分支,图像处理算法在处理远红外夜视图像过程中依然能够发挥作用,因此红外夜视系统能够像可见光摄像头一样,获取环境中的目标大小和距离等信息,在光照不足条件下,对基于可见光的视觉传感器的应用是一种有效补充。

(四) 环视摄像头

前三款视觉传感器所采用的镜头都是非鱼眼的,环视视觉传感器(环视摄像头)的镜头则是鱼眼镜头。环视摄像头安装于车辆前方、车辆左右后视镜下和车辆后方的 4 个鱼眼镜头采集图像,采集到的图像与图 2-1-9 类似。通过标定值,进行图像的投影变换,可将图像还原成俯视图的样子。然后对四个方向的图像进行拼接,再在四幅图像的中间放上一张车的俯视图,即可实现从

图 2-1-9　鱼眼镜头采集图像

车顶往下看的效果。

引导问题 4

请查阅相关资料，简述视觉传感器的功能。

_____

_____

视觉传感器的功能

视觉传感器具有车道线识别、障碍物检测、交通标志和地面标志识别、交通信号灯识别、可行空间检测等功能。

（一）车道线识别

车道线识别是智能网联汽车和自动驾驶汽车的关键功能，车道线识别主要是用视觉传感器获得车道位置（图 2-1-10），使车辆行驶在正确的轨迹上，并避免驶入其他车道，防止驾驶员/车辆系统偏离车道。

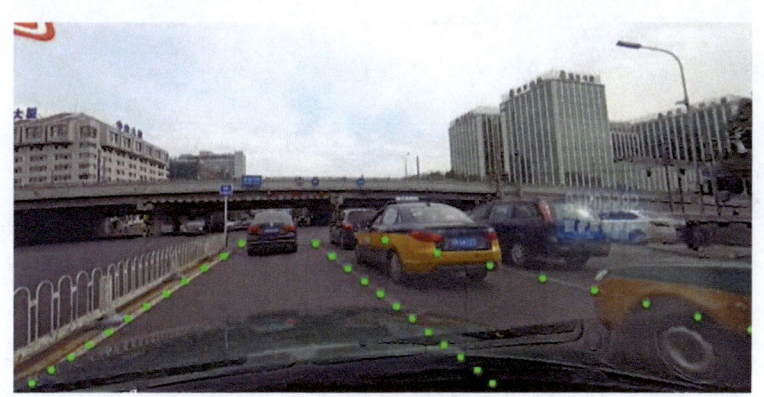

图 2-1-10　视觉传感器检测车道线

（二）障碍物检测

障碍物检测在行车路上也是必不可少的，常见的障碍物有汽车、行人、自行车、动物、建筑物等（图 2-1-11），有了障碍物信息，可为行车安全提供巨大保障。

（三）交通标志和地面标志识别

交通标志（图 2-1-12）和地面标志作为道路特征为高精度地图进行辅助定位，基于感知结果更新地图。

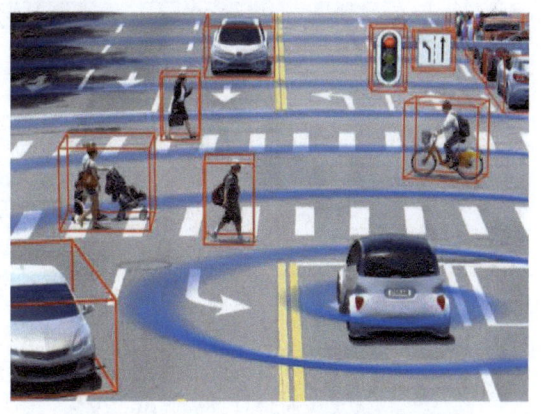

图 2-1-11　视觉传感器检测障碍物

（四）交通信号灯识别

交通信号灯的检测与识别是无人驾驶与辅助驾驶必不可少的功能，其识别精度直接关乎智能驾驶的安全性。

（五）可行空间检测

可行空间表示无人驾驶汽车可以正常行驶的区域，如图 2-1-13 所示。

图 2-1-12　交通标志识别

图 2-1-13　可行空间检测

> **引导问题 5**
>
> 请查阅相关资料，简述视觉传感器的感知流程。
> _____
> _____
> _____

视觉传感器的环境感知流程

视觉传感器环境感知流程如图 2-1-14 所示，一般包括图像采集、图像预处理、图像特征提取、图像模式识别、结果传输等，根据具体识别对象和采用的识别方法不同，环境感知流程也会略有差异。视觉传感器环境感知流程内容见表 2-1-6。

图 2-1-14　视觉传感器环境感知流程

表 2-1-6　视觉传感器环境感知流程内容

流程步骤	视觉传感器环境感知流程内容
图像采集	图像采集主要是通过摄像头采集图像，如果是模拟信号，要把模拟信号转换为数字信号，并把数字图像以一定格式表现出来
图像预处理	图像预处理包含的内容较多，有图像压缩、图像增强与复原、图像分割等，要根据具体实际情况进行选择
图像特征提取	为了完成图像中目标的识别，要在图像分割的基础上，提取需要的特征，并将这些特征计算、测量、分类，以便于计算机根据特征值进行图像分类和识别

流程步骤	视觉传感器环境感知流程内容
图像模式识别	图像模式识别的方法很多,从图像模式识别提取的特征对象来看,图像识别方法可分为基于形状特征的识别技术、基于色彩特征的识别技术以及基于纹理特征的识别技术等
结果传输	通过环境感知系统识别出的信息,传输到车辆其他控制系统或者传输到车辆周围的其他车辆,完成相应的控制功能

 引导问题6

请查阅相关资料,简述视觉传感器的应用场景。

_____
_____
_____

视觉传感器的应用场景

(一) 在智能网联汽车的应用场景

生物学研究表明,人类获取的外界信息中,75%依靠视觉系统,而在驾驶环境中这一比例甚至高达90%。如果能够将视觉传感器系统应用到智能网联汽车领域,无疑将会大幅度提高自动驾驶的准确性。视觉传感器在整个环境感知系统中占据了非常重要的地位,在智能网联汽车上的应用主要有两大类,分别是感知能力和定位能力。感知能力是实现对智能网联汽车各种环境信息的感知。定位能力主要采用视觉SLAM技术,根据提前建好的地图和实时的感知结果进行匹配,获取智能网联汽车的当前位置。

视觉传感器的应用

1. 视觉传感器的安装位置

由于具有成本相对较低、算法成熟度高、体积小、功能多样化等优势,智能网联汽车上的视觉传感器安装数量较多,图2-1-15所示为视觉传感器在智能网联汽车上的安装位置及对应功能示意图。本车中包含1个内置摄像头、1个前视摄像头、1个行车记录仪摄像头、1个倒车后视摄像头、2个测试摄像头和2个环视摄像头。

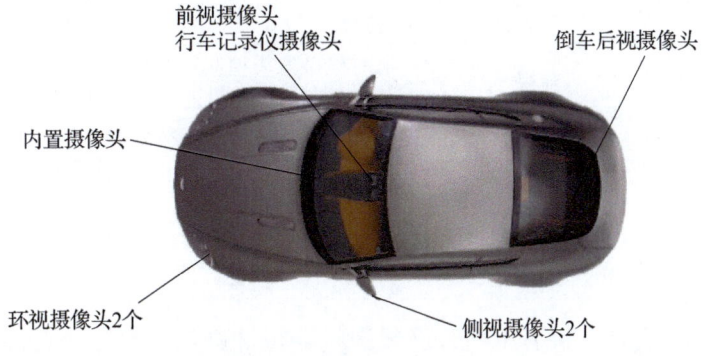

图2-1-15 视觉传感器在智能网联汽车上的安装及应用

2. 视觉传感器的感知能力

视觉传感器可提供的感知能力主要有车道线识别、障碍物识别、交通标志识别、道路标志识别、交通信号灯识别、可行驶区域识别、周围车辆感知、交通状况感知、道路状况感知、车辆本身状态感知等。视觉传感器在智能网联汽车上的具体应用如图 2-1-16 及表 2-1-7 所示。

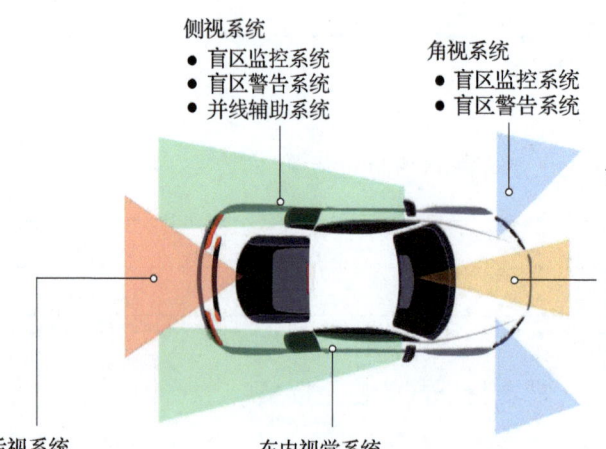

图 2-1-16 视觉传感器在智能网联汽车上的具体应用

表 2-1-7 视觉传感器在智能网联汽车上的具体应用

ADAS	摄像头位置	具体功能
车道偏离预警系统	前视	当前摄像头检测到车辆即将偏离车道线时发出警报
盲区监控系统	侧视	利用侧视摄像头将后视镜盲区的影像显示在后视镜或驾驶舱内
自动泊车辅助系统	后视	利用后视摄像头将车尾影像显示在驾驶舱内
全景泊车系统	前视、侧视、后视	利用图像拼接技术将摄像头采集的影像组成周边全景图像
驾驶员疲劳预警系统	内置	利用内置摄像头检测驾驶员是否疲劳、闭眼等
行人碰撞预警系统	前视	当前视摄像头检测到车辆与前方行人可能发生碰撞时发出警报
车道保持辅助系统	前视	当前视摄像头检测到车辆即将偏离车道线时，通知控制中心发出指示，纠正行驶方向
交通标志识别系统	前视、侧视	利用前视、侧视摄像头识别前方和两侧的交通标志
前向碰撞预警系统	前视	当前视摄像头检测到与前车距离小于安全距离时，发出警报

（二）在其他行业的应用场景

视觉传感器的低成本和易用性，已吸引机器设计师和工艺工程师将其集成到各类曾经依赖人工、光电传感器，或根本不检验的应用。视觉传感器的工业应用包括检验、计量、测量、定向、瑕疵检测和分检。表 2-1-8 是常见的视觉传感器应用场景。

表 2-1-8　常见的视觉传感器应用场景

应用场景	应用内容
检验	在汽车组装厂，检验由机器人涂抹到车门边框的胶珠是否连续，是否有正确的宽度。在瓶装厂，校验瓶盖是否正确密封、装灌液位是否正确，以及在封盖之前没有异物掉入瓶中
定向	在包装生产线，确保在正确的位置粘贴正确的包装标签
瑕疵检测	在药品包装生产线，检验阿司匹林药片的泡罩式包装中是否有破损或缺失的药片
分检	在金属冲压车间，以每分钟 150 片的速度检验冲压部件，比人工检验快 13 倍以上
识别	智能网联汽车中图像识别的典型应用包括对车牌、道路边界、车道线、交通信号、交通标志、车辆/行人等交通参与者、自由行驶空间等对象的感知

拓展阅读

比亚迪半导体发布全局快门 CMOS 图像传感器芯片——BF3031

随着中国智能制造的不断推进，近年来，下游对于产品检测智能化的要求不断提高，作为机器视觉背后的"眼睛"，CMOS 图像传感器在工业应用中变得愈发重要。作为一家高效、智能、集成的半导体企业，为迎合市场需求，近期，比亚迪半导体推出一款工业级全局快门 CMOS 图像传感器芯片——BF3031。

BF3031 是比亚迪半导体采用 Global shutter 技术研发生产的一款 1/3in（1in=25.4mm）的 50 万像素图像传感器芯片，支持并行和 MIPI 数字输出接口，其有效像素阵列为 838×640，最大帧速率为 120fps@full，能在低照度环境下凭借优秀的灵敏度和信噪比保证优秀的成像质量。值得一提的是，相较于 Rolling shutter，Global shutter 可有效解决物体高速移动时，成像出现的部分曝光（partial exposure）、斜坡图形（skew）、晃动（wobble）等果冻效应现象。

砥砺奋进，谱写华章。比亚迪半导体始终紧跟时代步伐，让效率与品质并驾齐驱，用技术创新探索全新未来。比亚迪半导体自成立以来，已有近 20 年的深厚技术积累。在功率半导体、智能控制 IC、智能传感器、光电半导体领域深入布局，凭借持续的研发投入、经验丰富的研发团队和多年的技术积累及应用实践，形成了丰富的产品线。在 CIS 领域，比亚迪半导体已成功研发和量产 8 万像素、30 万像素、200 万像素、500 万像素、800 万像素、1300 万像素、安防、车载、线阵系列 CIS 产品，广泛应用于手机、平板计算机、笔记本计算机、玩具、汽车、安防监控、工业控制和医疗设备等领域。未来，比亚迪半导体会继续秉承"技术为王、创新为本"的理念，在半导体领域深耕，为广大客户提供高效、智能、集成的产品。

任务分组

学生任务分配表

班级		组号		指导老师	
组长		学号			
组员角色分配					
信息员		学号			
操作员		学号			
记录员		学号			
安全员		学号			
任务分工					

（就组织讨论、工具准备、数据采集、数据记录、安全监督、成果展示等工作内容进行任务分工）

工作计划

按照前面所了解的知识内容和小组内部讨论的结果，制定工作方案，落实各项工作负责人，如任务实施前的准备工作、实施中主要操作及协助支持工作、实施过程中相关要点及数据的记录工作等，并将结果填入工作计划表中。

工作计划表

步骤	工作内容	负责人
1		
2		
3		
4		
5		

进行决策

1. 各组派代表阐述资料查询结果。
2. 各组就各自的查询结果进行交流，并分享技巧。
3. 教师结合各组完成的情况进行点评，选出最佳方案。

| 姓名 | 班级 | 日期 |

任务实施

视觉传感器认知	
记录	完成情况
1.简述视觉传感器的环境感知流程。 2.简述视觉传感器常见的安装位置以及具体应用。 	已完成☐ 未完成☐

评价反馈

1. 各组代表展示汇报 PPT，介绍任务的完成过程。
2. 请以小组为单位，对各组的操作过程与操作结果进行自评和互评，并将结果填入综合评价表中的小组评价部分。
3. 教师对学生工作过程与工作结果进行评价，并将评价结果填入综合评价表中的教师评价部分。

综合评价表

班级		组别		姓名		学号	
实训任务							
评价项目		评价标准			分值		得分
小组评价	计划决策	制定的工作方案合理可行，小组成员分工明确			10		
	任务实施	简述视觉传感器的环境感知流程			30		
		简述视觉传感器常见的安装位置以及具体应用			30		
	任务达成	能按照工作方案操作，按计划完成工作任务			10		
	工作态度	认真严谨、积极主动			10		
	团队合作	小组组员积极配合、主动交流、协调工作			5		
	6S管理	将鼠标、键盘、桌椅进行归位			5		
		小计			100		

（续）

评价项目		评价标准	分值	得分
教师评价	实训纪律	不出现无故迟到、早退、旷课现象，不违反课堂纪律	10	
	方案实施	严格按照工作方案完成任务实施	20	
	团队协作	任务实施过程互相配合，协作度高	20	
	工作质量	能准确完成任务实施的内容	20	
	工作规范	操作规范，三不落地，无意外事故发生	10	
	汇报展示	能准确表达、总结到位、改进措施可行	20	
		小计	100	
综合评分		小组评价分 × 50% + 教师评价分 × 50%		

总结与反思

（如：学习过程中遇到什么问题→如何解决的 / 解决不了的原因→心得体会）

任务二　实现单目摄像头的应用

学习目标

- 了解单目摄像头工作原理。
- 理解单目摄像头标定。
- 掌握视觉传感器目标检测原理及方法。
- 掌握单目摄像头测距原理。
- 了解单目摄像头应用场景。
- 掌握单目摄像头的标定方法以及测距功能，在实践中提高职业技能的能力。

知识索引

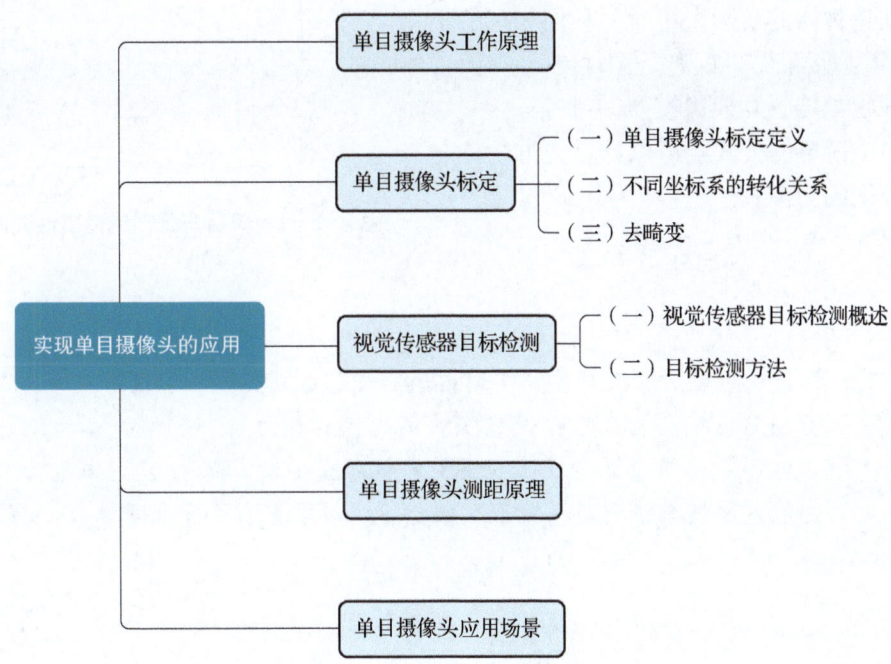

情境导入

供应链部门的同事给了你 3 颗不同公司生产的单目摄像头，你作为一名标定检测工程师，需要对这 3 颗摄像头进行内外参数标定，并筛选出适合产品的摄像头，提出测试评估报告，注明检测精度，分析产品质量。

获取信息

引导问题 1

请查阅相关资料，简述单目摄像头的工作原理。

_____

_____

单目摄像头工作原理

单目摄像头的工作原理是先识别后测距，首先通过图像匹配对图像进行识别，然后根据图像的大小和高度进一步测算障碍物和车辆移动时间。

可通过单个摄像头拍摄的图像实现三维空间的重建。单目视觉获得的图像本质上是 2D 的，当知道物体的实际大小时，利用相机的小孔成像模型即可获知距离。图 2-2-1 所示为单目车载视觉传感器成像模型。

用一个简单的公式就可以计算前方物体与摄像头之间的距离：

$$\frac{f}{D} = \frac{h}{H}$$

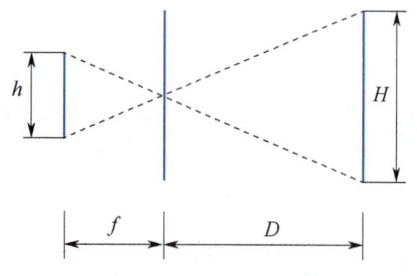

图 2-2-1　单目车载视觉传感器成像模型

职业认证　　智能网联汽车检测与运维职业技能等级要求（初级）中的 ADAS 部件更换与标定就涉及摄像头的标定，通过智能网联汽车检测与运维职业技能等级要求（初级）考核可获得教育部 1+X 证书中的《智能网联汽车检测与运维职业技能等级要求证书（初级）》。

 引导问题 2

请查阅相关资料，简述单目摄像头标定中坐标系转化过程。

_____
_____
_____

单目摄像头标定

在计算机视觉中，通过相机标定能够获取一定的参数，其原理是基于三大坐标系之间的转换和摄像机的畸变参数矩阵。在实验中经常用张正友标定法进行摄像机标定，获取到内参数矩阵和外参数矩阵以及畸变参数矩阵。

（一）单目摄像头标定定义

标定的目的是消除畸变以及得到内外参数矩阵，内参数矩阵可以理解为焦距相关，它是一个从平面到像素的转换，焦距不变它就不变，所以确定以后就可以重复使用，而外参数矩阵反映的是摄像机坐标系与世界坐标系的转换，至于畸变参数，一般也包含在内参数矩阵中。从作用上来看，内参数矩阵是为了得到镜头的信息，并消除畸变，使得到的图像更为准确，外参数矩阵是为了得到相机相对于世界坐标的联系，就是为了实现最终的测距。

1. 外参

指摄像头将自身的位置坐标与被观测物体的现实世界坐标系之间建立相对位置关系。

2. 内参
指摄像头可以用来标定的自身参数。

（二）不同坐标系的转化关系

针孔模型是机器视觉中广泛使用的相机模型，也被叫作线性模型，主要是描述物体从三维世界映射到像素平面这一过程。如图 2-2-2 所示，相机的光心为 O_c，平面 1 为相机的成像平面，点 N 为空间点，连接 NO_c 延长交成像平面与点 n，点 n 即为空间点在成像平面的投影。O_cZ_c 叫作相机的光轴，和成像平面垂直且交于 O_i，光心 O_c 到像平面的距离为 f（焦距）。为了对相机的成像过程进行清晰的表述，在该模型中建立了 4 个基本坐标系（世界坐标系、相机坐标系、图像坐标系、像素坐标系。像素坐标系和图像坐标系在一个平面）。

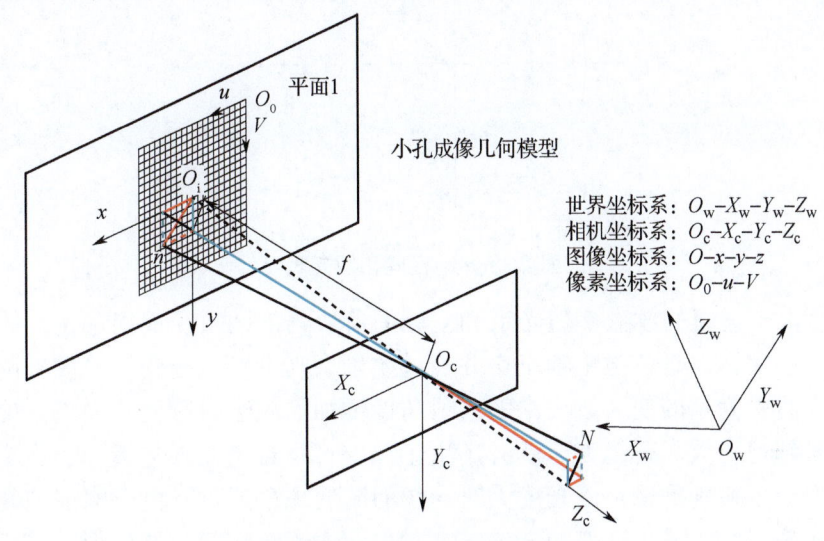

图 2-2-2 小孔成像几何模型

世界坐标系是为了描述相机在真实空间的具体位置，而建立的参考坐标系，根据实际情况将真实环境中的某一点确定为坐标系的原点，将三个正交轴，作为坐标轴 X_w、Y_w、Z_w，建立坐标系（单位：mm）。

相机坐标系是为了从相机的角度描述物体位置而定义，对世界坐标系到图像坐标系的转化起到过渡作用。该坐标系的坐标原点为相机光心位置 O_c，轴 O_cZ_c 为相机光轴方向（单位：mm）。

图像坐标系是为了描述成像过程中，物体从相机坐标系到图像坐标系的投影关系。图像坐标系的原点一般位于图像中心（单位：mm）。

像素坐标系的原点 O_0 在图像的左上角，物体成像后的像素点为数字图像上的坐标，可以从图片中直接获取像素点坐标（单位：pixel）。坐标系的转化如图 2-2-3 所示。

（三）去畸变

畸变是指镜头拍摄四方形的物体时，使周围拍成卷翘或膨鼓的现象，如图 2-2-4 所示。通常我们将物体上的直线经过透镜成像后变成弯曲的现象叫作畸变。

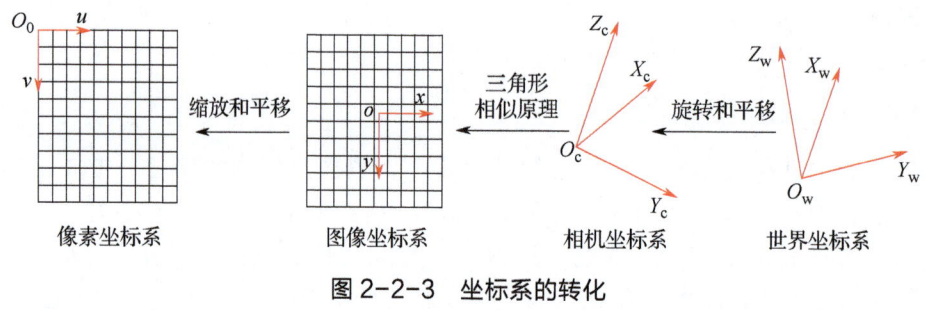

图 2-2-3 坐标系的转化

图 2-2-4 径向和切向畸变

畸变是由于透镜的放大率随光束和主轴间所成角度的改变而引起的。光线离主轴越远，畸变越大，但是若与主轴正交并通过主轴，则不发生畸变。放大率随入射角度增加而增大时称为正畸变。放大率随入射角度增加而减小时称为负畸变。换句话说，物点离光轴越远，放大率越大，就会产生正畸变；物点离光轴越近，放大率越小，则会产生负畸变。特别是镜片屈光度大时，像的畸变现象严重。由于畸变使物体像失去了原来的正确形状。减小畸变的方法是，对单一透镜改变镜片的外形，采用最佳的外形可以使畸变减小到最低程度。

一般光学镜头不能做到拍摄出的画面完全"横平竖直"，总会使画面的线条出现一点弯曲，这就是所谓的镜头畸变情况。越好的镜头畸变越不明显，一般广角端在 -2% 以下，长焦端在 -1%~1% 之间，都属于不明显的畸变。畸变校正如图 2-2-5 所示。

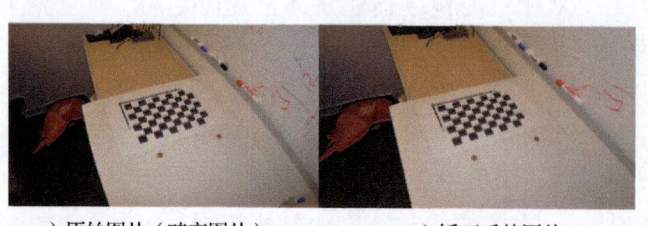

a) 原始图片（畸变图片）　　b) 矫正后的图片

图 2-2-5 畸变校正

（1）径向畸变

径向畸变主要是指由于透镜的制造工艺导致透镜形状与理想情况有差异，使得像点沿镜头径向偏移，变形量与镜头上点离光心的距离成正比，如图 2-2-6 所示。径向畸变主要以两种形态出现：一种是由于透镜的物理性能及镜片组结构引起成像画面出现桶状膨胀现象，称为桶形畸变；另外一种是由镜头引起的画面向中间"收缩"现象，叫作枕形畸变。

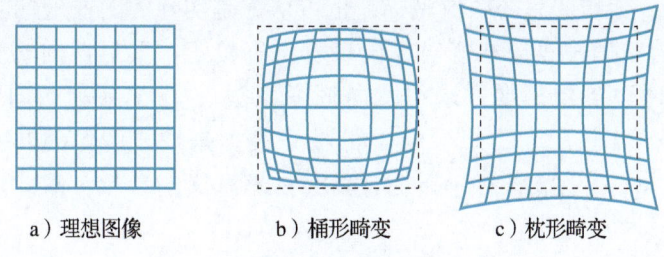

a）理想图像　　　b）桶形畸变　　　c）枕形畸变

图 2-2-6　径向畸变

在 O_i-xy 中，设 r 为图像坐标点到图像中心 O_i 的距离，实际情况中我们常用 $r=0$ 处的泰勒级数展开的前几项来近似描述径向畸变。

$$f(r)=w_0+w_1 r+w_2 r^2+\cdots$$

注：当 $r=0$ 时，$f(r)=0$，$w_0=0(r^2=x^2+y^2)$。

这里取泰勒级数的前三项等价径向畸变进行描述。在 x、y 轴的畸变量为

$$\begin{bmatrix} \nabla_{rx} \\ \nabla_{ry} \end{bmatrix} = \begin{bmatrix} x[k_1(x^2+y^2)+k_2(x^2+y^2)^2] \\ y[k_1(x^2+y^2)+k_2(x^2+y^2)^2] \end{bmatrix}$$

校正径向畸变前后的坐标关系为

$$\begin{cases} \hat{x} = x + x[k_1(x^2+y^2)+k_2(x^2+y^2)^2] \\ \hat{y} = y + y[k_1(x^2+y^2)+k_2(x^2+y^2)^2] \end{cases}$$

式中，∇_{rx}、∇_{ry} 分别为 x、y 轴的畸变量；(x, y) 为理想的图像坐标；$(\hat{x}, \hat{y})$ 为实际的图像坐标；k_1、k_2 为径向畸变系数。

（2）切向畸变

切向畸变是指由于制造或者装配的问题，使透镜本身与相机的图像平面不平行，进而使穿过透镜的光线投影到像平面的位置发生改变。切向畸变需要增加两个参数来近似畸变产生的效果。

$$\begin{cases} \nabla_{tx} = 2p_1 xy + p_2(x^2+y^2+2x^2) \\ \nabla_{ty} = p_1(x^2+y^2+2y^2) + 2p_2 xy \end{cases}$$

式中，p_1、p_2 为切向畸变系数；∇_{tx}、∇_{ty} 分别为在 x、y 轴方向的畸变量。

校正前后的坐标关系为

$$\begin{cases} x_{t-\text{correct}} = x + \nabla_{tx} \\ y_{t-\text{correct}} = y + \nabla_{ty} \end{cases}$$

综上，结合切向畸变和径向畸变，得到总的畸变坐标校正公式：

$$\begin{bmatrix} x_{\text{correct}} \\ y_{\text{correct}} \end{bmatrix} = \begin{bmatrix} x \\ y \end{bmatrix} + \begin{bmatrix} \nabla_{rx} \\ \nabla_{ry} \end{bmatrix} + \begin{bmatrix} \nabla_{tx} \\ \nabla_{ty} \end{bmatrix} = (1 + k_1(x^2 + y^2) + k_2(x^2 + y^2)^2) \begin{bmatrix} x \\ y \end{bmatrix} + \begin{bmatrix} 2p_1xy + p_2(x^2 + y^2 + 2x^2) \\ p_1(x^2 + y^2 + 2y^2) + 2p_2xy \end{bmatrix}$$

式中，x_{correct}、y_{correct} 为畸变后的图像坐标，也可认为是实际的图像坐标。

对图像畸变的精确校正应该既对径向畸变进行校正，又对切向畸变进行校正。最直接的思路就是通过摄像机标定求得径向畸变系数（k_1，k_2）和切向畸变系数（p_1，p_2），进而利用含（k_1，k_2）、（p_1，p_2）的校正模型来校正图像的畸变。由于这种校正模型中的（k_1，k_2）、（p_1，p_2）都是有真实物理意义的参数，故此这种校正方法称为显式校正。

引导问题 3

请查阅相关资料，简述解决目标检测的方法有哪些。

_____
_____
_____

视觉传感器目标检测

（一）视觉传感器目标检测概述

目标检测是计算机视觉和数字图像处理的一个热门方向，广泛应用于机器人与汽车导航、智能视频监控、工业检测、航空航天等诸多领域，通过计算机视觉减少对人力资源的消耗，具有重要的现实意义。因此，目标检测也就成为近年来理论和应用的研究热点，它是图像处理和计算机视觉学科的重要分支，也是智能监控系统的核心部分，同时目标检测也是泛身份识别领域的一个基础性的算法，对后续的人脸识别、步态识别、人群计数和实例分割等任务起着至关重要的作用。目标检测需要做更细粒度的判定，在判定到是否包含目标物体的前提下还能找到物体在图像中的位置。以人体检测和人脸识别为例，通过采集含有人体或人脸的图像或视频流，可自动检测和跟踪，进行识别，如图 2-2-7 所示。

图 2-2-7 人体检测示例（左）和人脸识别示例（右）

计算机视觉领域研究的绝大多数问题均存在诸多不确定性因素，因为图像理解是成像的逆过程。成像是从三维向二维投影的过程，在此过程中不仅会丢失深度信息，而且光照、材料特性、朝向和距离等信息都反映成唯一的测量值，即灰度或色彩，而要从这唯一的测量值中恢复上述一个或几个特征参数是一个病态的过程。不仅如此，大气扰动、镜头因素、传感器噪声，以及量化噪声等的干扰都会造成成像失真，而且这些干扰大多具有随机性。

图像或视频中的目标检测，意在基于目标的表观和轮廓区域等信息，准确地对其中感兴趣的目标进行定位，将目标的分类与定位合二为一。复杂环境下可靠的目标检测算法还有待进一步研究，原因在于：

1）一些目标是非刚性、多姿态、多角度的物体，如人体目标。

2）含有目标的图像背景一般都是复杂多变的。

3）目标很容易被其他目标或者物体遮挡。因此，通过运用机器学习与模式识别的相关知识，使计算机能够自动、准确地检测目标，实现鲁棒、快速的目标自动提取和检测显得极为重要。

（二）目标检测方法

目标检测的方法有很多种，可以分为三类。

级联检测器：该模型有两种网络类型，一种是 RPN 网络，另一种是检测网络。典型的例子是 RCNN 系列。

带锚框的单级检测器：这类检测器没有单独的 RPN 网络，而是依赖于预定义的锚框。比如，YOLO 系列就是这种检测器。

无锚框的单级检测器：这是一种解决目标检测问题的新方法，这种网络是端到端可微的，不依赖于感兴趣区域（ROI），塑造了新的研究思路。

> **❓ 引导问题 4**
>
> 请查阅相关资料，简述单目摄像头测距原理。
>
> _____
>
> _____
>
> _____

单目摄像头测距原理

单目摄像头的测距原理是先通过图像匹配进行目标识别（各种车型、行人、物体等），再通过目标在图像中的大小去估算目标距离。这就要求在估算距离之前首先对目标进行准确识别，是汽车还是行人，是货车、SUV 还是轿车。准确识别是准确估算距离的第一步。

要做到这一点，就需要建立并不断维护一个庞大的样本特征数据库，保证这个数据库包含待识别目标的全部特征数据。比如在一些特殊地区，为了专门检测大型动物，必须先行建立大型动物的数据库；而对于某些区域存在的一些非常规车型，也要先将这些车型的特征数据加入数据库中。

单纯的单目视觉测距，必须已知一个确定的长度。

如图 2-2-8 所示，f 为摄像头的焦距，c 为镜头光心。物体发出的光经过相机的光心，然后成像于图像传感器上或者也可以说是像平面上。如果设物体所在平面与相机平面的距离为 d，物体实际高度为 H，在传感器上的高度为 h，H 一定是已知的，我们才能求得距离 d。

假设有一个宽度为 W 的目标或者物体。将这个目标放在距离相机为 D 的位置。用相机对物体进行拍照并且测量物体的像素宽度 P，这样就得出了相机焦距的公式：

$$F = PD/W$$

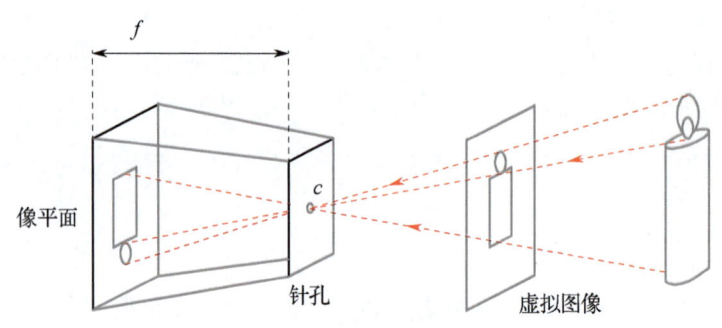

图 2-2-8　单目视觉测距

例如，假设现在有一张 A4 纸（8.27in×11.69in）。纸张宽度 W=11.69in，相机和纸张的距离 D=30in，此时拍下的照片中 A4 纸的像素宽度为 P=192px（相机实际测量得到的值）。

此时可以算出焦距 F=（192×30）/11.69。

当将摄像头远离或者靠近 A4 纸时，就可以用相似三角形原理得到相机和物体的距离。此时的距离为

$$D' = W'F/P'$$

如果缺乏待识别目标的特征数据，就会导致系统无法对这些车型、物体、障碍物进行识别，从而也就无法准确估算这些目标的距离，导致 ADAS 的漏报。

引导问题 5

请查阅相关资料，简述单目摄像头有哪些应用场景。

_____
_____
_____

单目摄像头应用场景

在自动驾驶领域，单目摄像头一般安装在车前风窗玻璃上方用于探测车辆前方环

境，识别道路、车辆、行人等，如图2-2-9所示。

单目摄像头主要是RGB摄像头，配合单目算法可快速完成图像采集，将高质量图像输送给后端进行识别比对，适用于人脸布防、精准推广、客流统计和门禁管理等应用场景。此类摄像头配合适当的活体检测算法，即可做到单目活体检测。

例如，金视康就通过引入虹软视觉开放平台免费开放的ArcFace人脸识别算法，实现了静默式的活体识别，全程无需用户动作配合。此外，借助ArcFace算法，还能快速实现人脸识别、年龄检测、性别检测和大面积遮挡下的人脸识别等功能。

图2-2-9 实车上的单目摄像头

任务分组

学生任务分配表

班级		组号		指导老师	
组长		学号			
组员角色分配					
信息员		学号			
操作员		学号			
记录员		学号			
安全员		学号			
任务分工					

（就组织讨论、工具准备、数据采集、数据记录、安全监督、成果展示等工作内容进行任务分工）

工作计划

按照前面所了解的知识内容和小组内部讨论的结果，制定工作方案，落实各项工作负责人，如任务实施前的准备工作、实施中主要操作及协助支持工作、实施过程中相关要点及数据的记录工作等，并将结果填入工作计划表中。

工作计划表

步骤	工作内容	负责人
1		
2		
3		
4		
5		

进行决策

1. 各组派代表阐述资料查询结果。
2. 各组就各自的查询结果进行交流，并分享技巧。
3. 教师结合各组完成的情况进行点评，选出最佳方案。

任务实施

在 2022 年全国职业院校技能大赛——智能网联汽车技术模块中，包含对摄像头的标定与测试，作业过程中要熟练地查阅技术资料、规范使用工量具和仪器设备、准确测量技术参数和判断故障点，做到安全文明作业。

在单目摄像头的应用中，为了避免采集数据产生畸变，摄像头标定是必不可少的一个步骤，标定的方法虽有不同，但都可以达到获取标定参数的目的。扫描右侧二维码，了解单目摄像头的标定方式，并完成下方任务。

单目摄像头标定

参考操作视频，按照规范作业要求完成单目摄像头标定的操作步骤。

单目摄像头标定			
	记录		完成情况
基于 Matlab 标定（用棋盘格标定板标定）			已完成□ 未完成□
1	基于棋盘格标定板标定		已完成□ 未完成□
2	基于对称圆标定板标定		已完成□ 未完成□
3	基于非对称圆标定板标定		已完成□ 未完成□
基于 VScode 的单目摄像头标定			已完成□ 未完成□
1	标定所需的文件组成		已完成□ 未完成□
2	标定参数文件配置		已完成□ 未完成□
总结提升			已完成□ 未完成□

📝 评价反馈

1. 各组代表展示汇报 PPT，介绍任务的完成过程。
2. 请以小组为单位，对各组的操作过程与操作结果进行自评和互评，并将结果填入综合评价表中的小组评价部分。
3. 教师对学生工作过程与工作结果进行评价，并将评价结果填入综合评价表中的教师评价部分。

综合评价表

班级		组别		姓名		学号	
实训任务							
评价项目		评价标准			分值		得分
小组评价	计划决策	制定的工作方案合理可行，小组成员分工明确			10		
	任务实施	能够正确检查并设置实训工位			10		
		基于 matlab 标定（用棋盘格标定板标定）			20		
		基于 VScode 的单目摄像头标定			20		
		能够规范填写任务工单			10		
	任务达成	能按照工作方案操作，按计划完成工作任务			10		
	工作态度	认真严谨、积极主动，安全生产，文明施工			10		
	团队合作	小组组员积极配合、主动交流、协调工作			5		
	6S 管理	完成竣工检验、现场恢复			5		
		小计			100		
教师评价	实训纪律	不出现无故迟到、早退、旷课现象，不违反课堂纪律			10		
	方案实施	严格按照工作方案完成任务实施			20		
	团队协作	任务实施过程互相配合，协作度高			20		
	工作质量	能准确完成单目摄像头标定的任务			20		
	工作规范	操作规范，三不落地，无意外事故发生			10		
	汇报展示	能准确表达、总结到位、改进措施可行			20		
		小计			100		
综合评分		小组评价分 ×50% + 教师评价分 ×50%					
总结与反思							

（如：学习过程中遇到什么问题→如何解决的 / 解决不了的原因→心得体会）

任务三　实现双目摄像头的应用

学习目标

- 了解双目摄像头工作原理。
- 理解双目摄像头标定的原理。
- 掌握双目摄像头测距原理。
- 了解双目摄像头应用场景。
- 掌握双目摄像头 ADAS 配置的方法，立足专业技能，明确自身职业方向。

知识索引

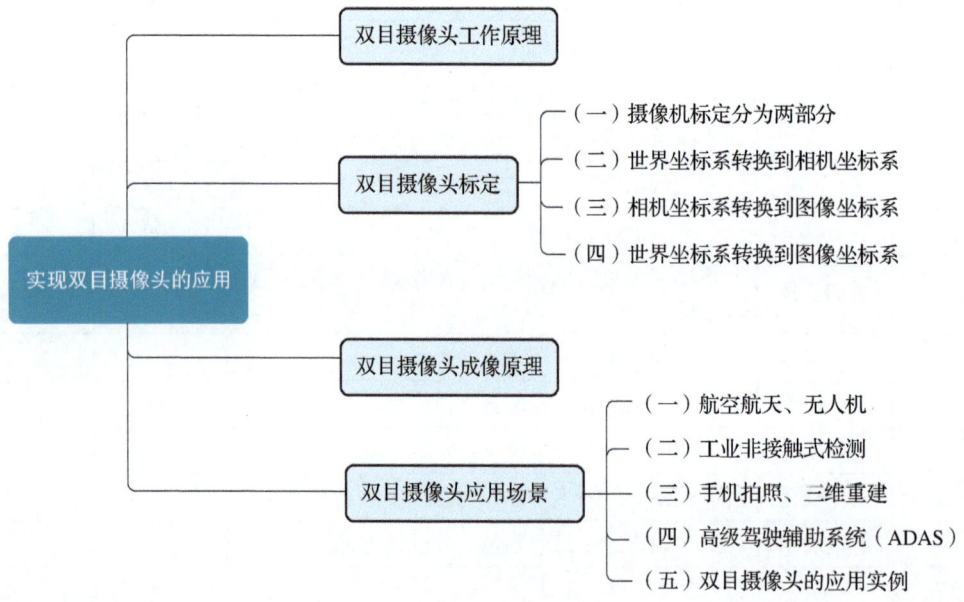

情境导入

双目摄像头经过实验室测试后，安装在试装车上进行整车测试，装车后上电出现物体检测故障，你作为一名标定测试工程师需要重新对车上这颗双目摄像头进行标定。

获取信息

引导问题 1

请查阅相关资料，简述双目摄像头的工作原理。

_____

_____

双目摄像头工作原理

双目成像技术是利用机器视觉，通过两个相机同时同步对图片进行采集，获取左右两相机对一幅图像的对应点成像的像素差获取深度信息，进而获取三维信息，实现对物体的三维重建。该技术在现阶段只能对短距离的物体进行测距与三维重建。

从理想的情况开始分析：假设左右两个相机位于同一平面（光轴平行），且相机参数（如焦距 f）一致，那么深度值的推导原理如图 2-3-1 所示。

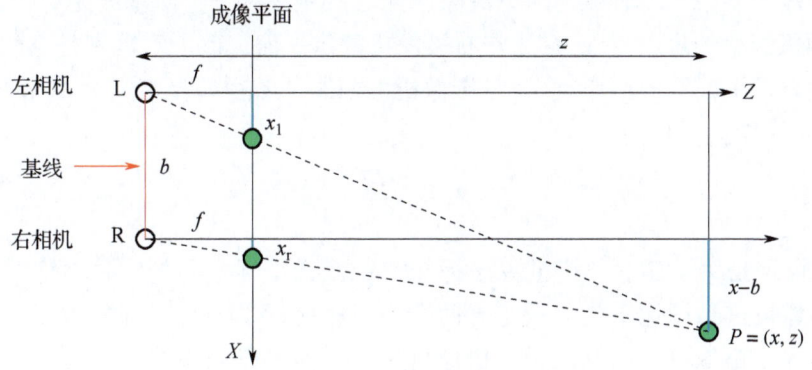

图 2-3-1 深度值推导原理

从而得到公式：

$$\frac{z}{f}=\frac{x}{x_1} \qquad \frac{z}{f}=\frac{x-b}{x_r} \qquad \frac{z}{f}=\frac{y}{y_1}=\frac{y}{y_r}$$

$$z=fb/(x_1-x_r)=fb/d$$

$$x=x_1 z/f \text{ 或 } b+x_r z/f$$

$$y=y_1 z/f \text{ 或 } y_r z/f$$

双目摄像头的工作原理是先对物体与摄像头距离进行测量，然后再对物体进行识别。

> **引导问题 2**
>
> 请查阅相关资料,简述双目摄像头标定的流程。
> _____
> _____
> _____

双目摄像头标定

首先介绍双目视觉涉及的三个坐标系:世界坐标系、摄像机坐标系和图像坐标系。世界坐标系中的点坐标记为 $P(X_W,Y_W,Z_W)$,摄像机坐标系用 (x_c,y_c,z_c) 表示。图像坐标为摄像机所拍摄到的图像的二维坐标,一般有两种表示方法:(u,v) 是以像素为单位的图像坐标,(x,y) 是以毫米为单位的图像坐标。建立以毫米为单位的图像坐标是因为 (u,v) 坐标只表示了像素在数字图像中的行数和列数,并没有表示出该像素在数字图像中的物理位置。

图 2-3-2 为平行双目视觉模型,即参数相同的两个摄像机平行放置,两光轴互相平行且都平行于 Z 轴,X 轴共线,两摄像机光心的距离为 B(即基线距)。图中 O_1、O_2 为左右两摄像机的焦点,I_1、I_2 为左右摄像机的像平面,P_1、P_2 分别是空间点 $P(X,Y,Z)$ 在左右像平面上的成像点,f 是摄像机的焦距。若视差 d 定义为 $|P_1-P_2|$,则点 P 到立体视觉系统的距离为

$$Z=\frac{Bf}{|P_1-P_2|}$$

摄像机标定是为了建立三维世界坐标与二维图像坐标之间的一种对应关系。系统采用两个摄像机进行图像采集,设定好两个摄像机之间的距离(即基线距),用摄像机同时采集放在摄像机前的标定物。摄像机标定采用的是张正友标定方法,棋盘格大小为 30mm×30mm,角点数为 11×7。标定板的规格如图 2-3-3 所示。

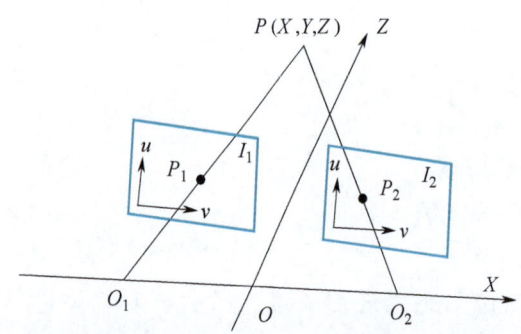

图 2-3-2 平行双目视觉模型

图 2-3-3 平面标定板规格

张正友标定方法需要摄像机从不同角度拍摄标定板的多幅图像。由于两个摄像机是向前平行放置的,且基线距固定,所以只需摆放标定板的位置变化即可。双目标定流程如图 2-3-4 所示。

（一）摄像机标定分为两部分

1）从世界坐标系转换到相机坐标系，由于这两个坐标系都是三维的，所以这一部分就是从一个三维空间转换到另外一个三维空间。

2）从相机坐标系转换到图像坐标系，由于图像坐标系是二维的，所以这一部分就是三维空间转换到另外一个二维空间。

（二）世界坐标系转换到相机坐标系

如图 2-3-5 所示，C 代表相机坐标系的原点，O 代表世界坐标系的原点，只需要一个平移操作（平移到原点重合）和一个旋转操作（旋转到三个轴对齐）就可以将世界坐标系转换到相机坐标系，其中 **R** 表示旋转矩阵，表示 x 点在世界坐标系中的位置、相机坐标系的原点 C 在世界坐标系中的位置、x 点在相机坐标系的位置。

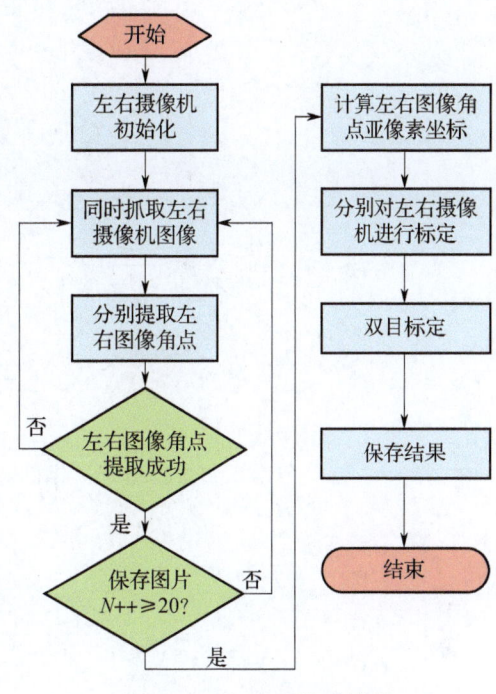

图 2-3-4 双目标定流程

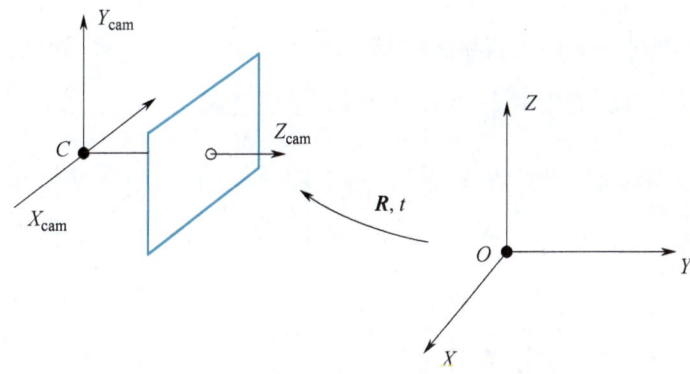

图 2-3-5 世界坐标系转换到相机坐标系

（三）相机坐标系转换到图像坐标系

如图 2-3-6 所示，C 是相机中心，p 为图像中心，相机坐标系和图像坐标系的 Z 轴在一条线上。将图 2-3-6 进行简单的投影，可以得到图 2-3-7，其中 f 为相机的焦距，当把相机坐标系一点 (X, Y, Z) 投影到图像坐标系中的点 (x, y) 时，就可以通过 $x=fX/Z$，$y=fY/Z$ 来计算出来。

如图 2-3-7 所示，通过上面的转换，只能把相机坐标系像平面坐标系转换到同一个平面中，如图 2-3-8 所示，因此还需要一个平移操作，p 在像平面坐标系的位置为 (p_x, p_y)，可以得到最终的变换公式：$x=fX/Z+p_x$，$y=fY/Z+p_y$。

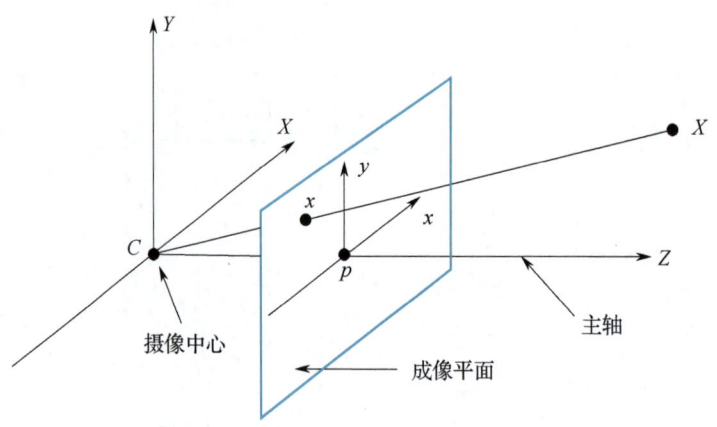

图 2-3-6 相机坐标系转换到图像坐标系

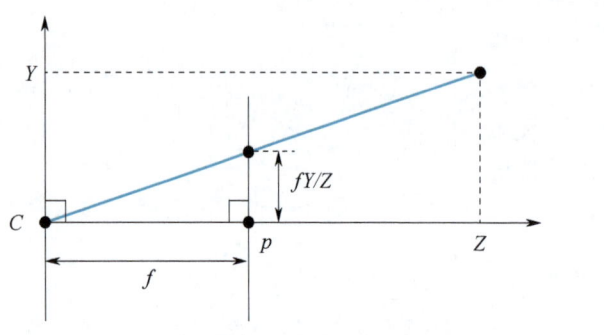

图 2-3-7 相机坐标系转换和像平面坐标系

图 2-3-8 坐标平移操作

所需要的相机内参数 K 和投影矩阵 P，进行公式变换：

$$\begin{pmatrix} fX+Zp_x \\ fY+Zp_y \\ Z \end{pmatrix} = \begin{bmatrix} f & 0 & p_x & 0 \\ 0 & f & p_y & 0 \\ 0 & 0 & 1 & 0 \end{bmatrix} \begin{pmatrix} X \\ Y \\ Z \\ 1 \end{pmatrix} = \begin{bmatrix} 1 & 0 & p_x \\ 0 & f & p_y \\ 0 & 0 & 1 \end{bmatrix} \begin{bmatrix} 1 & 0 & 0 & 0 \\ 0 & 1 & 0 & 0 \\ 0 & 0 & 1 & 0 \end{bmatrix} \begin{pmatrix} X \\ Y \\ Z \\ 1 \end{pmatrix}$$

其中，$K = \begin{bmatrix} 1 & 0 & p_x \\ 0 & f & p_y \\ 0 & 0 & 1 \end{bmatrix}$，$P = \begin{bmatrix} f & 0 & p_x \\ 0 & f & p_y \\ 0 & 0 & 1 \end{bmatrix} \begin{bmatrix} 1 & 0 & 0 & 0 \\ 0 & 1 & 0 & 0 \\ 0 & 0 & 1 & 0 \end{bmatrix} = K[I/O]$。

相机坐标系以 m 为单位，图像坐标系以像素点为单位。假设 m_x 为在水平方向上 1m 所包含的像素点个数，m_y 为在竖直方向上 1m 所包含的像素点个数，那么 K 就更新为

$$K = \begin{bmatrix} m_x & 0 & 0 \\ 0 & m_y & 0 \\ 0 & 0 & 1 \end{bmatrix} \begin{bmatrix} f & 0 & p_x \\ 0 & f & p_y \\ 0 & 0 & 1 \end{bmatrix} \begin{bmatrix} f_x & 0 & c_x \\ 0 & f_y & c_y \\ 0 & 0 & 1 \end{bmatrix}$$

式中，f_x、f_y、c_x 和 c_y 是相机内参数矩阵得到的四个参数。

（四）世界坐标系转换到图像坐标系

为了方便公式之间的转换，世界坐标系转换到相机坐标系的公式用矩阵形式来表示；

$$X_{cam} = \begin{pmatrix} \widetilde{X}_{cam} \\ 1 \end{pmatrix} = \begin{bmatrix} R & -R\widetilde{C} \\ 0 & 1 \end{bmatrix} \begin{pmatrix} \widetilde{X} \\ 1 \end{pmatrix} = \begin{bmatrix} R & -R\check{C} \\ 0 & 1 \end{bmatrix}$$

相机坐标系转换到图像坐标系的投影矩阵 $P=K[I/O]$。

世界坐标系转换到图像坐标系的公式为

$$x=K[I/O]X_{cam}=K[R|-R\widetilde{C}]X$$

最终得到的 P、K 为相机内参数，它们是一个固有属性；R 和 t 都为相机外参数，其中 R 为旋转矩阵，t 为平移向量。

引导问题 3

请查阅相关资料，简述双目摄像头成像原理与单目摄像头有何异同。

_____

_____

_____

双目摄像头成像原理

双目检测的方式就是通过对两幅图像视差的计算，直接对前方景物（图像所拍摄到的范围）进行距离测量，而无需判断前方出现的是什么类型的障碍物。所以对于任何类型的障碍物，都能根据距离信息的变化，进行必要的预警或制动。

双目摄像头的测距原理与人眼相似。人眼能够感知物体的远近，是由于两只眼睛对同一个物体呈现的图像存在差异，也称"视差"。物体距离越远，视差越小；反之，视差越大。视差的大小对应着物体与眼睛之间距离的远近，这也是 3D 电影能够使人有立体层次感知的原因。双目摄像头测距原理如图 2-3-9 所示。

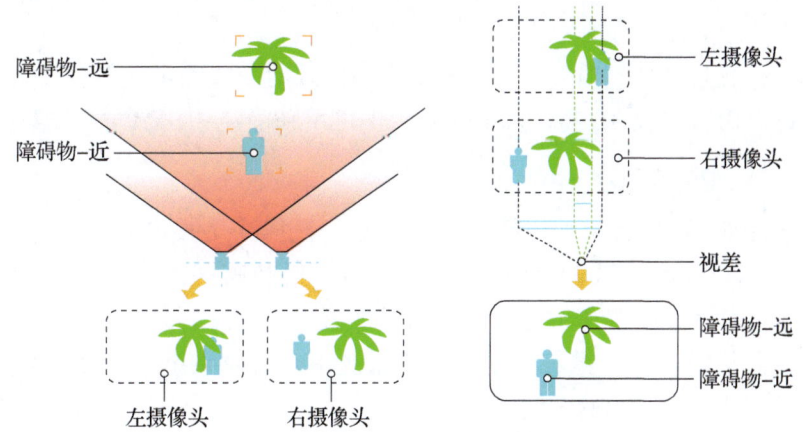

图 2-3-9 双目摄像头测距原理

如图 2-3-9 所示，人在前，椰子树在后，最下方是双目相机中的成像。可以看出右侧相机成像中人在树的左侧，左侧相机成像中人在树的右侧，这是因为双目的角度不一样。再通过对比两幅图像就可以知道人眼观察树的时候视差小。而观察人时视差大，因为树的距离远,人的距离近,这就是双目三角测距的原理。双目系统对目标物体距离感知是一种绝对的测量,而非估算。

> **引导问题 4**
>
> 双目摄像头的应用场景有哪些?
> _____
> _____
> _____

双目摄像头应用场景

(一)航空航天、无人机

华盛顿大学与微软公司合作为火星探测器"探路者"号研制了宽基线立体视觉系统,使"探路者"号能够在火星上对地形进行精确的定位和导航;中国嫦娥二号搭载的玉兔号也配备了双目立体摄像头,以进行避障。大疆精灵无人机的双目摄像头辅助无人机更快更好地识别周围场景,便于它的飞行与避障,现在配备两对以上的双目摄像头。

(二)工业非接触式检测

双目摄像头可用于高温环境下大型铸件在热处理过程中(上千度)尺寸的测量,对中型或大型尺寸的物体尤其有用,还可用于对固定工位装配零件的检测,场景简单。

(三)手机拍照、三维重建

手机拍照:双目摄像头可获得物体的距离信息,虚化背景,得到更好的景深效果。一些 VR 产品也会用到双目视觉技术。

三维重建:双目立体视觉技术特别适用于 3D 重构,即确定任意物体的 3D 形状。双目摄像头可以用来实现 3D 物体质量检测,也可用来确定 3D 物体的位置。

(四)高级驾驶辅助系统(ADAS)

斯巴鲁于 1989 年开始对立体摄像头(即双目摄像头)技术进行研究,并于 1999 年把该技术应用到量产车的 ADAS。2008 年 5 月,搭载第一代 EyeSight 系统的力狮正式上市。目前,该系统的装车量已经超过了 100 万辆。2017 年 3 月,路虎发现车型获得了 NCAP 五星评价。在其搭载的主动安全系统中,前向采用了双目摄像头方案,这个方案也成了它能脱颖而出的关键。

(五)双目摄像头的应用实例

图 2-3-10~图 2-3-13 所示为双目摄像头的实际应用。

图 2-3-10　搭载双目摄像头的阿波龙无人巴士

图 2-3-11　搭载双目摄像头的新石器无人送货车

图 2-3-12　无人仓储分拣领域实际应用

图 2-3-13　无人船领域实际应用

任务分组

学生任务分配表

班级		组号		指导老师	
组长		学号			
组员角色分配					
信息员		学号			
操作员		学号			
记录员		学号			
安全员		学号			
任务分工					

（就组织讨论、工具准备、数据采集、数据记录、安全监督、成果展示等工作内容进行任务分工）

工作计划

按照前面所了解的知识内容和小组内部讨论的结果，制定工作方案，落实各项工作负责人，如任务实施前的准备工作、实施中主要操作及协助支持工作、实施过程中相关要点及数据的记录工作等，并将结果填入工作计划表中。

工作计划表

步骤	工作内容	负责人
1		
2		
3		
4		
5		

进行决策

1. 各组派代表阐述资料查询结果。
2. 各组就各自的查询结果进行交流，并分享技巧。
3. 教师结合各组完成的情况进行点评，选出最佳方案。

任务实施

竞赛指南　在2021年全国职业院校技能大赛——汽车技术赛项中智能网联汽车模块，包含了对双目摄像头的标定与测试，作业过程中要熟练地查阅技术资料、规范使用工量具和仪器设备、准确测量技术参数和判断故障点，做到安全文明作业。

双目摄像头在商用车、乘用车以及其他应用场景时，需要对当前安装位置、相机、预警等信息进行设置，使设备可以在正常道路环境中识别车道线、障碍物及发出正确预警信息。扫描右侧二维码，了解双目摄像头 ADAS 配置，并完成下方任务。

双目摄像头 ADAS 系统配置

参考操作视频，按照规范作业要求完成双目摄像头 ADAS 配置的操作步骤。

双目摄像头 ADAS 配置			
序号	步骤	记录	完成情况
	设备连接		已完成□　未完成□
1	硬件设备连接		已完成□　未完成□
2	更换计算机 IP		已完成□　未完成□

（续）

序号	步骤	记录	完成情况	
ADAS 配置			已完成□	未完成□
1	相机安装		已完成□	未完成□
2	相机检测		已完成□	未完成□
3	通信配置		已完成□	未完成□
4	相机校正		已完成□	未完成□
5	姿态学习		已完成□	未完成□
6	姿态感知		已完成□	未完成□
7	预警设置		已完成□	未完成□
8	同步设置		已完成□	未完成□
总结提升			已完成□	未完成□

评价反馈

1. 各组代表展示汇报 PPT，介绍任务的完成过程。

2. 请以小组为单位，对各组的操作过程与操作结果进行自评和互评，并将结果填入综合评价表中的小组评价部分。

3. 教师对学生工作过程与工作结果进行评价，并将评价结果填入综合评价表中的教师评价部分。

综合评价表

班级		组别		姓名		学号	
实训任务							
评价项目		评价标准			分值		得分
小组评价	计划决策	制定的工作方案合理可行，小组成员分工明确			10		
	任务实施	能够正确检查并设置实训工位			10		
		双目摄像头 ADAS 配置			30		
		能够规范填写任务工单			20		
	任务达成	能按照工作方案操作，按计划完成工作任务			10		
	工作态度	认真严谨、积极主动，安全生产，文明施工			10		
	团队合作	小组组员积极配合、主动交流、协调工作			5		
	6S 管理	完成竣工检验、现场恢复			5		
		小计			100		
教师评价	实训纪律	不出现无故迟到、早退、旷课现象，不违反课堂纪律			10		
	方案实施	严格按照工作方案完成任务实施			20		
	团队协作	任务实施过程互相配合，协作度高			20		

（续）

评价项目		评价标准	分值	得分
教师评价	工作质量	能准确完成任务实施的内容	20	
	工作规范	操作规范，三不落地，无意外事故发生	10	
	汇报展示	能准确表达、总结到位、改进措施可行	20	
		小计	100	
综合评分		小组评价分 ×50% + 教师评价分 ×50%		
总结与反思				

（如：学习过程中遇到什么问题→如何解决的 / 解决不了的原因→心得体会）

能力模块三 掌握毫米波雷达技术与应用

任务一 认知毫米波雷达

学习目标

- 了解毫米波雷达的定义及发展历程。
- 了解毫米波雷达的类型。
- 掌握毫米波雷达安装位置并具备安装能力。
- 了解毫米波雷达相比于其他传感器的特点。
- 掌握毫米波雷达的关键技术参数,了解产品选型,立足专业技能,培养职业素养。

知识索引

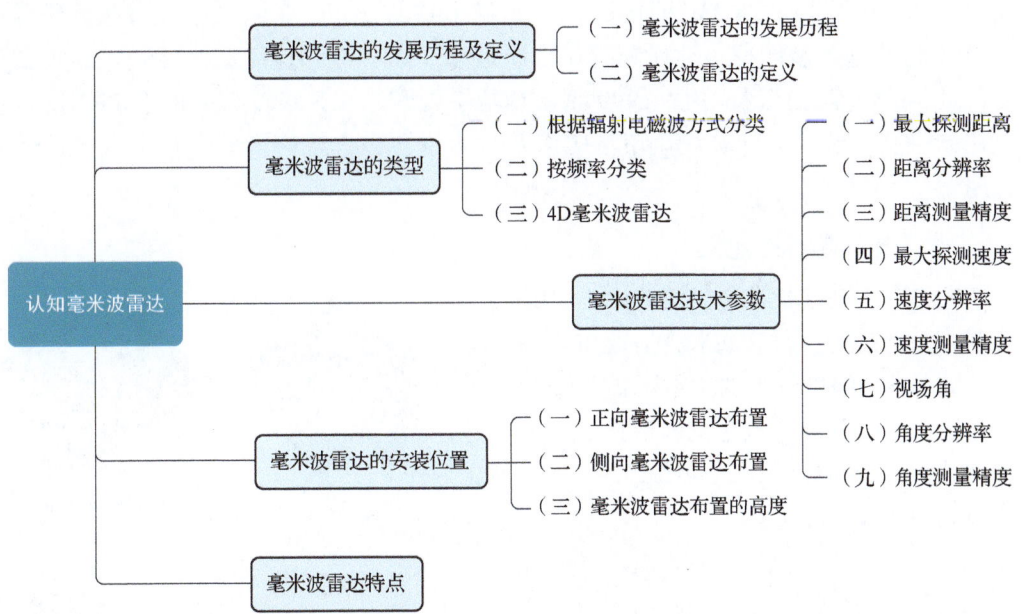

情境导入

测试完摄像头后,主管要求你对试装车上的毫米波雷达也进行标定,作为一名标定测试工程师,请问你了解毫米波雷达的技术参数以及安装位置吗?

获取信息

引导问题 1

请查阅相关资料,简述毫米波雷达最先应用的领域及基本组成。
_____
_____
_____

毫米波雷达的发展历程及定义

(一)毫米波雷达的发展历程

毫米波雷达的研制是从 20 世纪 40 年代开始的。到了 20 世纪 50 年代,美国出现了用于机场交通管制和船用导航的毫米波雷达,但由于功率效率低,传输损失大,因此毫米波雷达的发展受到了限制。

20 世纪 60 年代,美国 NHTSA 对毫米波雷达和制动系统组合系统进行了验证研究,毫米波雷达开始在车载领域中应用。到 20 世纪 70 年代后期,毫米波技术有了很大的进展,研制成功了一些较好的功率源,应用于许多重要的民用和军用系统中,如近程高分辨力防空系统、导弹制导系统、目标测量系统等。80 年代后期,欧洲在"欧洲高效安全交通系统规划(PROMETHEUS)"指导下重新开始了车载毫米波雷达的研制;1986 年,汽车毫米波防撞雷达研究开始活跃起来,单脉冲和连续波两种制式的雷达已在美、日、欧汽车中广泛应用;1999 年,奔驰率先开始在 S 级轿车上采用 77GHz 自主巡航控制系统;至今,随着汽车市场需求及技术进步,车载毫米波雷达进入了蓬勃发展时期。

(二)毫米波雷达的定义

毫米波雷达是波长在毫米波波段(millimeter wave)的探测雷达。通常毫米波是指 30~300GHz 频域(波长为 1~10mm)的无线电波。毫米波的波长介于红外线和厘米波之间,因此毫米波雷达兼有微波雷达和光电雷达的一些优点。毫米波雷达外观如图 3-1-1 所示。

图 3-1-1 车载毫米波雷达外观

毫米波雷达的组成如图 3-1-2 所示，包括发射模块、接收模块、信号处理模块及天线。毫米波雷达在工作状态时，发射模块生成射频电信号，通过天线将电信号（电能）转化为电磁波发出，接收模块接收到射频信号后，将射频信号转换为低频信号，再由信号处理模块从信号中获取距离、速度和角度等信息。毫米波雷达工作的必要条件还在于软件算法的实现。

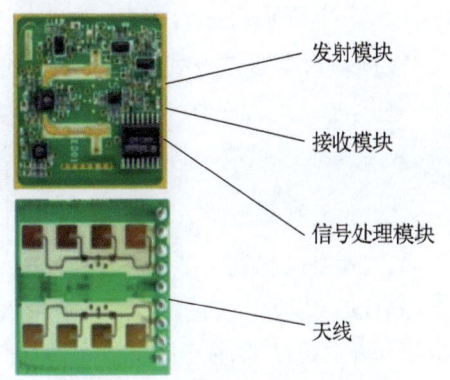

图 3-1-2 毫米波雷达的组成

引导问题 2

请查阅相关资料，简述毫米波雷达有哪些类型。

_____
_____
_____

毫米波雷达的类型

毫米波雷达被认为是 ADAS 和自动驾驶不可缺少的传感器，尤其是在追求高级别自动驾驶的背景下，一辆智能汽车至少要搭载 5 颗毫米波雷达：1 颗正向雷达 +4 颗角雷达。毫米波雷达按安装位置可分为正向雷达和角雷达，按频率划分可细分为 24GHz、77GHz 和 79GHz，目前国内在往 76~79GHz 发展，在此前主流的发展是 24GHz。随着技术的发展，4D 毫米波雷达也开始登场。不同频段的毫米波雷达有着不同的性能，如图 3-1-3 所示。

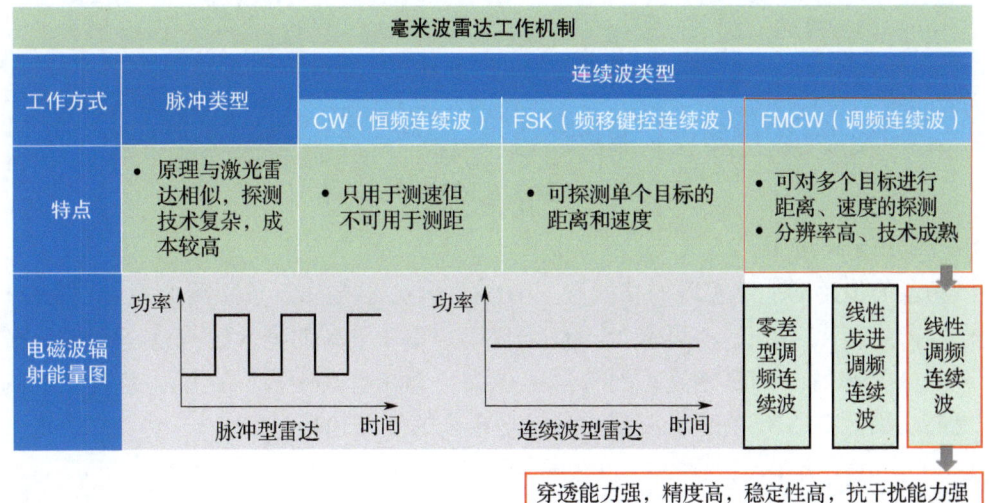

图 3-1-3 毫米波雷达工作机制

(一)根据辐射电磁波方式分类

根据辐射电磁波方式不同,毫米波雷达主要有脉冲式以及连续波式两种工作模式。其中连续波又可以分为 FSK(频移键控)、PSK(相移键控)、CW(恒频连续波)、FMCW(调频连续波)等方式,不同机制的特点如图 3-1-3 所示。

(二)按频率分类

1. 24GHz 频段

24GHz 频段上雷达的检测距离有限,因此常用于检测近处的障碍物(车辆),在自动驾驶系统中常用于感知车辆近处的障碍物,为换道决策提供感知信息,在 ADAS 中可用于盲点检测、变道辅助等。

2. 77GHz 频段

77GHz 的毫米波雷达相较于 24GHz 提高了距离精度及分辨率,同时减小传感器的尺寸提高了集成度。77GHz 雷达的最大检测距离可以达到 160m 以上,因此常被安装在前保险杠上,正对汽车的行驶方向。长距离雷达能够用于实现紧急制动、自适应巡航等 ADAS 功能,同时也能满足自动驾驶领域对障碍物距离、速度和角度的测量需求。

图 3-1-4 为奥迪 A8 的传感器布局,其中后雷达(Rear radar)就是频段在 24GHz 左右的短距离毫米波雷达。

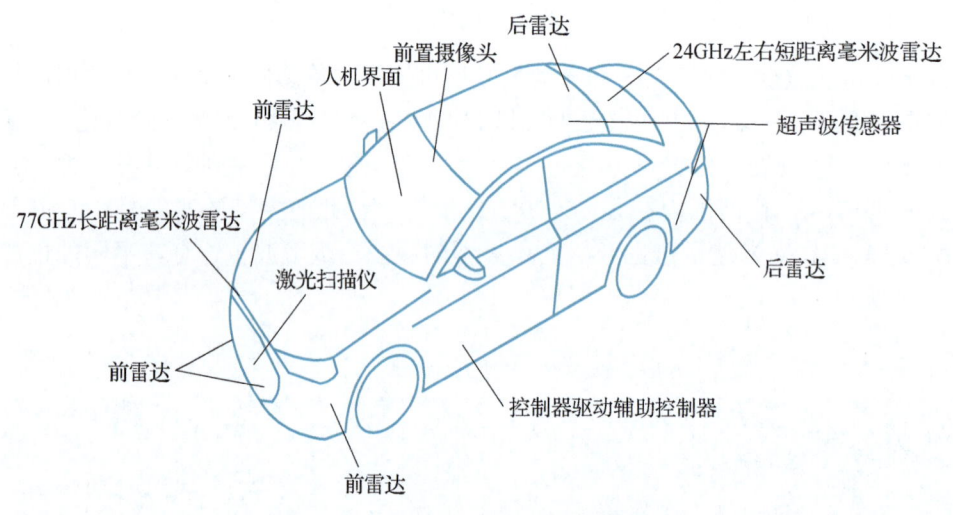

图 3-1-4 奥迪 A8 的传感器布局

3. 79GHz 频段

该频段的传感器能够实现的功能和 77GHz 一样,也是用于长距离的测量。

根据公式光速 = 波长 × 频率($v=\lambda f, f=1/T$),频率更高的毫米波雷达,其波长更短。波长越短,意味着分辨率越高;而分辨率越高,意味着在距离、速度、角度上的测量精度更高。因此 79GHz 的毫米波雷达必然是未来的发展趋势。

(三)4D 毫米波雷达

4D 毫米波雷达可以获得目标障碍物的距离、速度、方位角及俯仰角等信息,相较于普通毫米波雷达增加了俯仰角的测量信息，如图 3-1-5 所示。

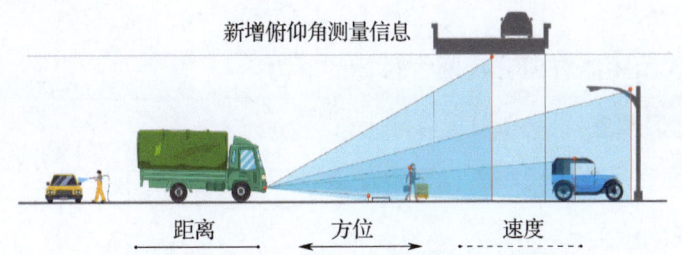

图 3-1-5　4D 毫米波雷达获取目标信息

另外，4D 毫米波雷达的角分辨率较高，可输出大量的测量点，相较于普通毫米波雷达测量范围也延长到了 300m（图 3-1-6），但同时这也是一项新技术，暂未运用在实车上，属于未来可期的技术。

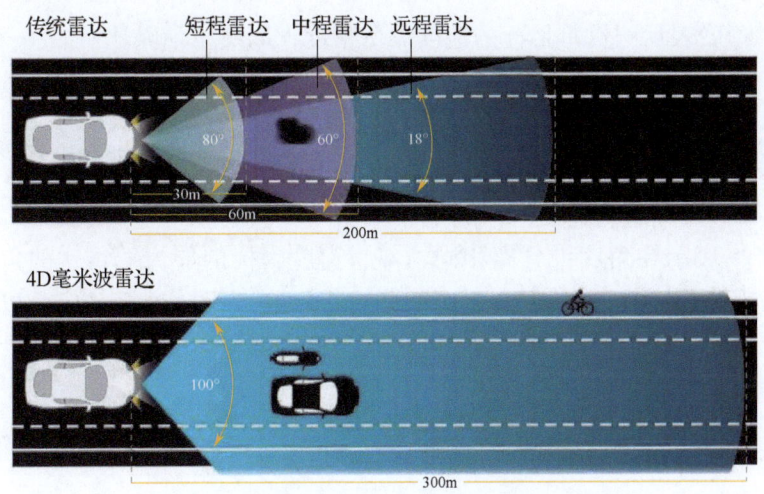

图 3-1-6　4D 毫米波雷达获取目标信息

> **引导问题 3**
>
> 请查阅相关资料，简述毫米波雷达主要的技术参数。
> _____
> _____
> _____

毫米波雷达技术参数

毫米波雷达的技术参数主要有最大探测距离、距离分辨率、距离测量精度、最大探测速度、速度分辨率、速度测量精度、视场角、角度分辨率和角度测量精度等。

（一）最大探测距离

最大探测距离是指毫米波雷达所能检测目标的最大距离，不同的毫米波雷达，最大探测距离是不同的。

（二）距离分辨率
距离分辨率表示距离方向分辨两个目标的能力。

（三）距离测量精度
距离测量精度表示测量单目标的距离测量精度，取决于信噪比。

（四）最大探测速度
最大探测速度是指毫米波雷达能够探测的目标最大速度。

（五）速度分辨率
速度分辨率表示速度维区分两个同一位置的目标的能力。

（六）速度测量精度
速度测量精度表示测量单目标的速度测量精度，取决于信噪比。

（七）视场角
视场角分为水平视场角和垂直视场角，是指毫米波雷达能够探测的角度范围。

（八）角度分辨率
角度分辨率表示在角度维分离相同距离、速度目标的能力。雷达的角度分辨率一般较低，在实际情况下，由于距离、速度分辨率较高，因此目标一般可以在距离和速度维区分开。

（九）角度测量精度
角度测量精度表示测量单目标的角度测量精度。

引导问题 4

请查阅相关资料，简述毫米波雷达的主要安装位置。

_____

_____

_____

毫米波雷达的安装位置

毫米波雷达在智能网联汽车上的布置位置如图 3-1-7 所示，具体涉及正向毫米波雷达布置、侧向毫米波雷达布置、毫米波雷达布置的高度。

（一）正向毫米波雷达布置
正向毫米波雷达一般布置在车辆中轴线，外露或隐藏在保险杠内部。雷达波束的中心平面要求与路面基本平行，考虑雷达系统误差、结构安装误差、车辆载荷变化后，需保证与路面夹角的最大偏差不超过 5°。

a）车头　　b）车尾

图 3-1-7　毫米波雷达布置位置

另外，在某些特殊情况下，正向毫米波雷达布置在车辆中轴线上时，允许正 Y 向最大偏置距离为 300mm，偏置距离过大会影响毫米波雷达的有效探测范围。

（二）侧向毫米波雷达布置

侧向毫米波雷达在车辆四角呈左右对称布置，前侧向毫米波雷达与车辆行驶方向成 45° 夹角，后侧向毫米波雷达与车辆行驶方向成 30° 角，雷达波束的中心平面与路面基本平行，角度最大偏差仍需控制在 5° 以内。

（三）毫米波雷达布置的高度

毫米波雷达在 Z 方向探测角度一般只有 ±5°，雷达安装高度太高会导致盲区增大，太低又会导致雷达波束射向地面，地面反射带来杂波干扰，影响雷达的判断。因此，毫米波雷达的布置高度（即地面到雷达模块中心点的距离）一般建议在 500（满载状态）~800mm（空载状态）之间，如图 3-1-8 所示。

图 3-1-8　毫米波雷达布置高度

毫米波雷达在布置时，还需要兼顾考虑其他因素，如雷达区域外造型的美观性、对行人保护的影响、设计安装结构的可行性、雷达调试的便利性、售后维修成本等。

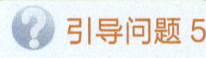 引导问题 5

请查阅相关资料，简述目前最新一代毫米波雷达新增特性。

毫米波雷达特点

毫米波雷达不受雨雾、扬尘、光照等条件影响,具有极强的穿透性,可实现全天候工作,且毫米波雷达探测距离相对较长,造价较低。以博世第五代雷达至尊版为例(图3-1-9),此款毫米波雷达的核心特点如下。

图3-1-9 博世第五代雷达至尊版(4D成像雷达)

1)精度高、抗干扰。同微波雷达相比,毫米波雷达具有体积小、质量轻和空间分辨率高的特点。在天线口径相同的情况下,毫米波雷达有更窄的波束(一般为毫弧度量级),可提高雷达的角分辨能力和测角精度,并且有利于抗杂波干扰和多路径反射干扰等。

2)全天候、全天时。与红外、视频、激光等光学传感器相比,毫米波雷达穿透雾、烟、灰尘的能力强,具有全天候、全天时的特点。

3)高分辨、多目标。由于工作频率高,能得到大的信号带宽和多普勒频移,有利于提高距离和速度的测量精度和分辨能力,并能分析目标细节特征。同时,毫米波雷达能识别很小的目标,并且能同时识别多个目标,因此具有很强的空间分辨和成像能力。

4)敏感性高、误报率低。系统敏感性高,错误误报率低,不易受外界电磁噪声的干扰。

5)可测速、可测距。采用FMCW(调频连续波),能同时测出多个目标的距离和速度,并可对目标连续跟踪,甚至是静止目标也可保持跟踪不丢失。

6)高频率、低功率。具有更高的发射频率,更低的发射功率。

7)距离远、实时性高。测量距离远,达到双向12车道200m,同时38Hz 26ms的检测频率具有极强的实时性。

拓展阅读

上汽集团实现4D毫米波雷达自主研发突破

在自动驾驶感知中,毫米波雷达作为自动驾驶最重要的传感器之一,是至关重要的一环。但由于毫米波雷达不具备测高的能力,很难判断前方静止物体是在地面还是在空中,在遇到井盖、减速带、立交桥、交通标识牌等地面、空中物体时,无法准确测得物体的高度数据。而4D毫米波雷达的出现,将弥补这一问题。4D毫米波雷达又称为成像雷达,在原有的距离、速度、方向的数据基础上,加上了对目标的高度分析,将第4个维度整合到传统毫米波雷达中,以更好地了解和绘制环境地图,让测到的交通数据更为精准。本质上,4D毫米波雷达可配合激光雷达和摄像头,以较低的成本促成行驶安全,实现降本增效。

2021年,上汽集团所属华域汽车发布了最新自主研发的4D成像毫米波雷达产品 LRR30，并计划于 2021 年第四季度实现量产，这有助于提升国产毫米波雷达在智能驾驶领域的竞争力。

上汽华域自主研发的 4D 毫米波雷达，在测量距离、速度、方位角等二维信息基础上，增加了对物体高度和俯仰角度的测定，勾勒出被识别物体在三维空间内的轮廓，大幅提升了智能汽车的分辨能力。相较于传统毫米波雷达，上汽华域 LRR30 产品的探测距离提升了 50%，对车辆等物体的探测距离可达 300m，对行人的探测距离亦可达 150m。

在产品开发过程中，上汽华域依靠常见的微控制单元（MCU），通过设计全新的信号处理框架，并借助创新算法完成了 4 倍于传统雷达的信息数据处理，把 MCU 性能发挥到极致，实现了国际同类产品的 4D 成像功能，成本更低、功耗更小；同时采用紧凑的硬件和机械设计，产品体积更小、布置更为灵活，可提供 360° 的环境感知，能满足不同应用场景、更高等级智能驾驶的需求。

或许在未来，毫米波雷达拥有的功能与激光雷达相差无几，成本大幅降低的 4D 毫米波雷达能助力自动驾驶行业更快落地。

任务分组

学生任务分配表

班级		组号		指导老师	
组长		学号			
组员角色分配					
信息员		学号			
操作员		学号			
记录员		学号			
安全员		学号			
任务分工					
（就组织讨论、工具准备、数据采集、数据记录、安全监督、成果展示等工作内容进行任务分工）					

工作计划

按照前面所了解的知识内容和小组内部讨论的结果，制定工作方案，落实各项工作负责人，如任务实施前的准备工作、实施中主要操作及协助支持工作、实施过程中相关要点及数据的记录工作等，并将结果填入工作计划表中。

工作计划表

步骤	工作内容	负责人
1		
2		
3		
4		
5		

进行决策

1. 各组派代表阐述资料查询结果。
2. 各组就各自的查询结果进行交流，并分享技巧。
3. 教师结合各组完成的情况进行点评，选出最佳方案。

任务实施

毫米波雷达认知	
记录	完成情况
1. 简述毫米波雷达在生活及实车上常见的应用。	已完成□ 未完成□
2. 请查阅相关资料，以实车举例，列出车辆上布置的毫米波雷达数量及位置。	

评价反馈

1. 各组代表展示汇报PPT，介绍任务的完成过程。
2. 请以小组为单位，对各组的操作过程与操作结果进行自评和互评，并将结果填入综合评价表中的小组评价部分。
3. 教师对学生工作过程与工作结果进行评价，并将评价结果填入综合评价表中的教师评价部分。

综合评价表

班级		组别		姓名		学号	
实训任务							
评价项目		评价标准				分值	得分
小组评价	计划决策	制定的工作方案合理可行，小组成员分工明确				10	
	任务实施	能够正确检查并设置实训工位				10	
		简述毫米波雷达在生活及实车上常见的应用				20	
		请查阅相关资料，以实车举例，列出车辆上布置的毫米波雷达数量及位置				20	
		能够规范填写任务工单				10	
	任务达成	能按照工作方案操作，按计划完成工作任务				10	
	工作态度	认真严谨、积极主动，安全生产，文明施工				10	
	团队合作	小组组员积极配合、主动交流、协调工作				5	
	6S管理	完成竣工检验、现场恢复				5	
		小计				100	
教师评价	实训纪律	不出现无故迟到、早退、旷课现象，不违反课堂纪律				10	
	方案实施	严格按照工作方案完成任务实施				20	
	团队协作	任务实施过程互相配合，协作度高				20	
	工作质量	能准确完成任务实施的内容				20	
	工作规范	操作规范，三不落地，无意外事故发生				10	
	汇报展示	能准确表达、总结到位、改进措施可行				20	
		小计				100	
综合评分		小组评价分 ×50% + 教师评价分 ×50%					
总结与反思							

（如：学习过程中遇到什么问题→如何解决的 / 解决不了的原因→心得体会）

# 任务二　实现毫米波雷达的应用

学习目标

- 了解毫米波雷达测量原理。
- 了解目标识别流程。
- 理解毫米波雷达标定。
- 了解毫米波雷达的应用实例。
- 掌握毫米波雷达过滤配置的方法。
- 在需要多人合作的实训任务中感受团队精神的重要性。

知识索引

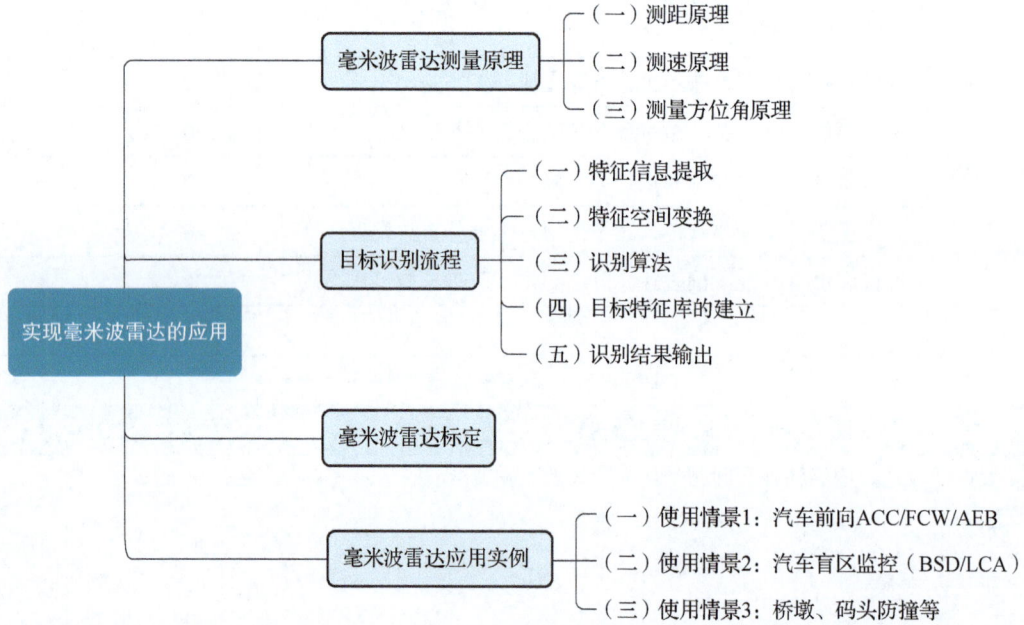

情境导入

　　某测试车正在进行毫米波雷达测试，在倒车时突然发现倒车雷达测量的距离偏差较大。你作为一名毫米波雷达测试工程师接到了处理此故障的任务。

获取信息

引导问题 1

请查阅相关资料，答一答。
下列哪种频率不属于毫米波的频段。（　　）
A. 34Hz　　　B. 77Hz　　　C. 286Hz　　　D. 352Hz

毫米波雷达测量原理

调频式连续毫米波雷达（Frequency Modulated Continuous Wave，FMCW）利用多普勒效应进行障碍物的探测，它通过发射源（天线）向目标发射毫米波信号，并分析发射信号频率和反射信号频率之间的差值，精确测量出目标相对于雷达的距离、运动速度和方位角等信息，通常毫米波是指 30～300GHz 频域（波长为1~10mm）的电磁波。

（一）测距原理

雷达调频器通过天线发射毫米波信号，发射信号遇到目标后，经目标的反射会产生回波信号，发射信号与回波信号相比形状相同，但时间上存在差值。

以雷达发射三角波信号为例，发射信号与返回的回波信号对比如图 3-2-1 所示。

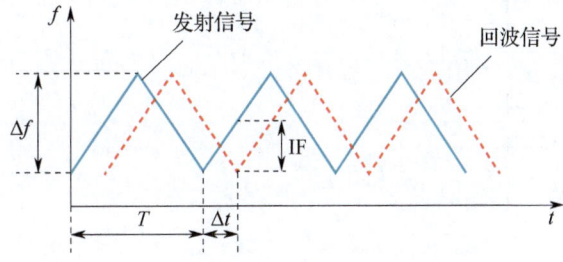

图 3-2-1　发射信号与回波信号对比图

毫米波雷达测量的距离和速度分别为

$$s = \frac{c\Delta t}{2} = \frac{cTf'}{4\Delta f}$$

$$u = \frac{cf_d}{2f_0}$$

式中，s 为相对距离；c 为光速；Δt 为发射信号与回波信号的时间间隔；T 为信号发射周期；f' 为发射信号与反射信号的频率差；Δf 为调频带宽；f_d 为多普勒频率；f_0 为发射信号的中心频率；u 为相对速度。

发射信号与反射信号间的频率差值直接取决于和目标之间的距离。距离越大，则发射信号接收的往返时间越长，并且发射频率与接收频率间的差值越大，如图 3-2-2 所示。

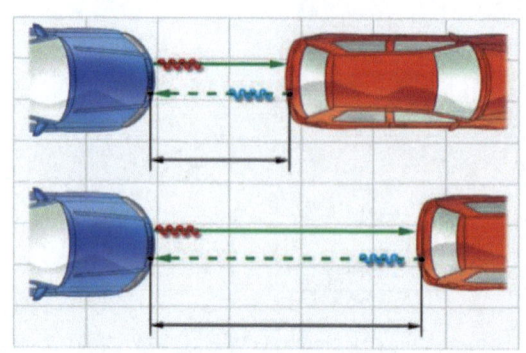

图 3-2-2　应用 FMCW 调制的毫米波雷达测距示意图

（二）测速原理

当目标与雷达信号发射源之间存在相对运动时，发射信号与回波信号之间除存在时间差外，频率上还会产生多普勒位移。例如，当前方车辆快速行驶时，车距加大，由于多普勒效应，反射信号（Δf_D）的频率将变小。这将导致上坡（Δf_1）和下坡（Δf_2）时的毫米波频率产生差值，如图 3-2-3 所示。

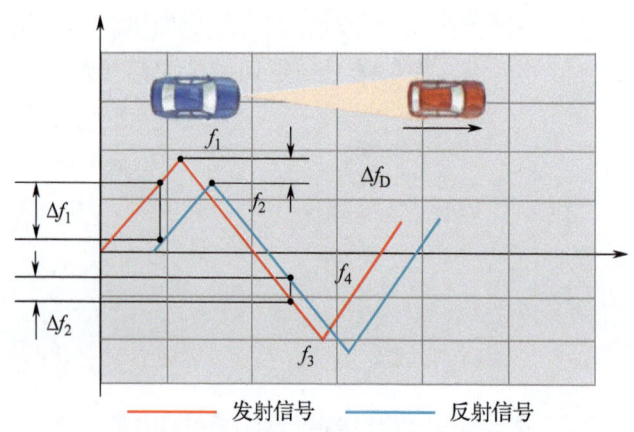

图 3-2-3　应用 FMCW 调制的毫米波雷达测速原理

（三）测量方位角原理

被监测目标的方位角测量问题，毫米波雷达的探测原理是：通过毫米波雷达的发射天线发射出毫米波后，遇到被监测物体反射回来，通过毫米波雷达并列的接收天线收到同一监测目标反射回来的毫米波的相位差，就可以计算出被监测目标的方位角了。

根据毫米波雷达接收天线 RX_1 和接收天线 RX_2 之间的几何距离 d，以及两根毫米波雷达天线所收到反射回波的相位差 b，然后通过三角函数计算得到方位角 α_{AZ}，如图 3-2-4 所示。

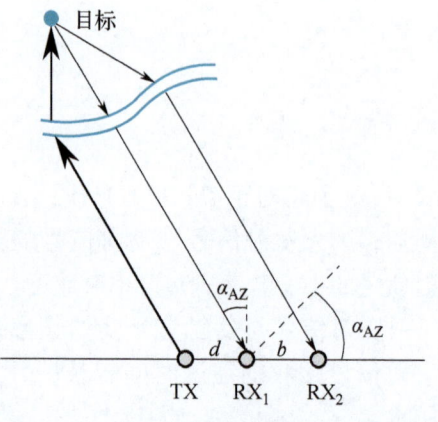

图 3-2-4　毫米波雷达测量方位角的原理

$$\alpha_{AZ}=\arcsin\left(\frac{\lambda b}{2\pi d}\right)$$

位置、速度和方位角监测是毫米波雷达的擅长之处，再结合毫米波雷达较强的抗干扰能力，并且可以全天候、全天时稳定工作，因此毫米波雷达被认为是汽车核心传感技术。

> **引导问题 2**
> 请查阅相关资料，简述毫米波雷达目标识别流程。
> _____
> _____
> _____

目标识别流程

毫米波雷达的目标识别是通过分析回波特征信息，采用数学手段通过各种特征空间变换来抽取目标的特征参数，如大小、材质、形状等，并将抽取的特征参数与已建立的数据库中的目标特征参数进行比较、辨别和分类，其流程如图 3-2-5 所示。

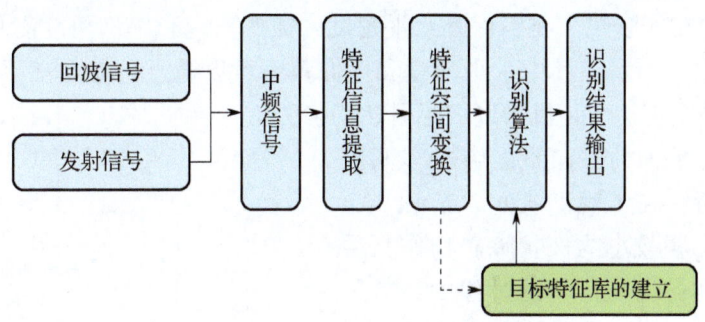

图 3-2-5　毫米波雷达的目标识别流程

（一）特征信息提取

利用发射源与目标处于相对静止状态时的中频信号可以进行目标特征信息的提取，以有效进行目标识别。

（二）特征空间变换

特征空间变换是利用梅林变换、沃尔什变换、马氏距离线性变换等正交变换方法，解除不同目标特征间的相关性，加强不同目标特征间的可分离性，最终剔除冗余特征，达到减少计算量的目的。

（三）识别算法

识别算法主要有空目标去除、无效目标去除和静止目标去除。

（四）目标特征库的建立

目标特征库的建立有三种方法：通过实际试验数据建立、半实物仿真数据建立、以及虚拟仿真数据建立。

（五）识别结果输出

把识别结果输出到有关的控制系统中，完成相应的控制功能。

> **引导问题 3**
>
> 请查阅相关资料，简述毫米波雷达安装注意事项。
> _____
> _____
> _____

毫米波雷达标定

安装毫米波雷达时确定车辆纵向对称平面至关重要。首先，在车辆表面选取若干组对称点，通过这些对称点找到车辆中点。然后，使用激光水平仪使竖直激光平面尽可能多地扫过已标记出的车辆中点，并使未被激光束扫过的车辆中点均匀地分布在激光束两侧。该竖直激光平面即为车辆纵向对称平面。

毫米波雷达在安装时需要确保其水平角度、横摆角度和俯仰角度满足安装要求。3个角度如图 3-2-6 所示，其中水平角度和俯仰角度可以通过角度尺和重锤等工具进行测量，并通过调整雷达安装机构以满足雷达安装的角度要求。

为了使雷达平面的法向量能够与车辆纵向对称平面平行，在车辆正前方 20m 和 30m 处分别放置截面积较小的杆状障碍物作为雷达探测目标。在标定横摆角的过程中，通过调整机构每次以相同的步长调整雷达横摆角度，分别测量放置在车辆正前方的两处障碍物的横向距离，计为 d_1 和 d_2，按照下式计算横摆角度标定系数 k。当调整机构调整到使 k 取最小值时，即认为雷达探测表面的法向量与车辆纵向对称平面平行。

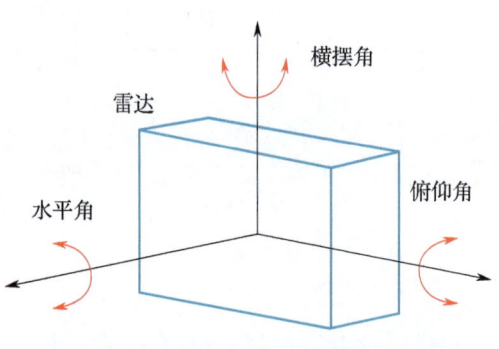

图 3-2-6 毫米波雷达安装角度示意图

$$k=|d_1-d_2|$$

> **引导问题 4**
>
> 请查阅相关资料，简述毫米波雷达可以应用在哪些场景？
> _____
> _____
> _____

毫米波雷达应用实例

（一）使用情景 1：汽车前向 ACC/FCW/AEB

位置：用于汽车 ACC/FCW/AEB 的雷达传感器一般安装在车头中央位置，如车标位置，如图 3-2-7 和图 3-2-8 所示。

图 3-2-7　AEB 雷达安装示例　　　图 3-2-8　毫米波雷达在运营客车上装车实例

典型应用案例：某一级供应商、数个系统集成商在客车和货车上将大陆 ARS408 雷达和摄像头进行融合以实现 AEB，已经通过 JT/T 1242—2019《营运车辆自动紧急制动系统性能要求和测试规程》的检测并批量装车。

（二）使用情景 2：汽车盲区监控（BSD/LCA）

位置：用于汽车侧面、侧角盲区的监控或用于自动泊车，具体安装位置依据需要监控的范围和雷达水平视场角（FOV）确定。

典型应用案例：已经有系统集成商/自动驾驶研究单位，在乘用车上将大陆雷达用于盲区探测，如图 3-2-9 所示。

（三）使用情景 3：桥墩、码头防撞等

其他使用场景包括但不限于：大桥桥墩的避撞预警、码头测量附近轮船运行状态和避撞预警、港口港机与货轮船桥避撞预警、公路养护作业区的防撞预警、火车测速等非车辆场景的距离和运动目标检测。图 3-2-10 所示是大陆雷达安装在岸边检测河道

图 3-2-9　大陆雷达自动驾驶试验车上装车实例　　　图 3-2-10　大陆雷达用于码头和桥墩附近船只监测效果

中船只的实测视频（由于船只体积大、表面起伏较多，所以雷达会输出多个目标，但其运动速度相同，这样和岸边静止物体能很好地区分开来）。

任务分组

学生任务分配表

班级		组号		指导老师	
组长		学号			
组员角色分配					
信息员		学号			
操作员		学号			
记录员		学号			
安全员		学号			
任务分工					
（就组织讨论、工具准备、数据采集、数据记录、安全监督、成果展示等工作内容进行任务分工）					

工作计划

按照前面所了解的知识内容和小组内部讨论的结果，制定工作方案，落实各项工作负责人，如任务实施前的准备工作、实施中主要操作及协助支持工作、实施过程中相关要点及数据的记录工作等，并将结果填入工作计划表中。

工作计划表

步骤	工作内容	负责人
1		
2		
3		
4		
5		

进行决策

1. 各组派代表阐述资料查询结果。
2. 各组就各自的查询结果进行交流,并分享技巧。
3. 教师结合各组完成的情况进行点评,选出最佳方案。

任务实施

在自动驾驶中,为了更好地实现目标检测、多物体距离探测,通常使用毫米波雷达进行调试。扫描右侧二维码,了解毫米波雷达调试及配置的方法,并完成下方任务。

毫米波雷达调试配置

参考操作视频,按照规范作业要求完成毫米波雷达调试及配置,完成数据采集并记录。

毫米波雷达调试及配置			
序号	步骤	记录	完成情况
	设备连接		已完成□ 未完成□
1	硬件设备连接		已完成□ 未完成□
2	CAN 驱动安装		已完成□ 未完成□
	大陆雷达调试软件		已完成□ 未完成□
1	关闭防火墙及杀毒软件		已完成□ 未完成□
2	运行 ARS_408_NEW.exe 文件		已完成□ 未完成□
3	CAN 卡操作		已完成□ 未完成□
4	雷达配置		已完成□ 未完成□
5	显示设置		已完成□ 未完成□
6	雷达数据		已完成□ 未完成□
7	自定义数据帧		已完成□ 未完成□

评价反馈

1. 各组代表展示汇报 PPT,介绍任务的完成过程。
2. 请以小组为单位,对各组的操作过程与操作结果进行自评和互评,并将结果填入综合评价表中的小组评价部分。
3. 教师对学生工作过程与工作结果进行评价,并将评价结果填入综合评价表中的教师评价部分。

综合评价表

班级		组别		姓名		学号	
实训任务							

评价项目		评价标准	分值	得分
小组评价	计划决策	制定的工作方案合理可行，小组成员分工明确	10	
	任务实施	能够正确检查并设置实训工位	10	
		毫米波雷达硬件连接	10	
		CAN 驱动安装	10	
		大陆雷达调试软件设置	20	
		能够规范填写任务工单	10	
	任务达成	能按照工作方案操作，按计划完成工作任务	10	
	工作态度	认真严谨、积极主动	10	
	团队合作	小组组员积极配合、主动交流、协调工作	5	
	6S 管理	将鼠标、键盘、桌椅进行归位	5	
		小计	100	
教师评价	实训纪律	不出现无故迟到、早退、旷课现象，不违反课堂纪律	10	
	方案实施	严格按照工作方案完成任务实施	20	
	团队协作	任务实施过程互相配合，协作度高	20	
	工作质量	能准确完成毫米波雷达数据配置的任务	20	
	工作规范	操作规范，三不落地，无意外事故发生	10	
	汇报展示	能准确表达、总结到位、改进措施可行	20	
		小计	100	
综合评分		小组评价分 ×50% + 教师评价分 ×50%		
总结与反思				

（如：学习过程中遇到什么问题→如何解决的 / 解决不了的原因→心得体会）

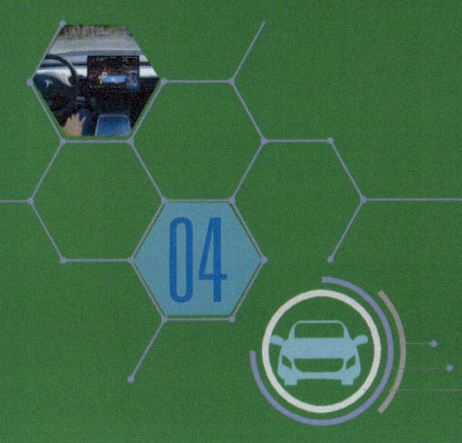

能力模块四
掌握激光雷达技术与应用

任务一 认知激光雷达

 **学习目标**

- 了解激光雷达的定义。
- 了解车载激光雷达的基本组成、类型及特点。
- 了解激光雷达发展前景及技术趋势。
- 掌握激光雷达在智能网联汽车上的应用。
- 掌握激光雷达的选型,以小组的形式撰写调研报告,在过程中感受团队协作的重要性,树立团队意识。

知识索引

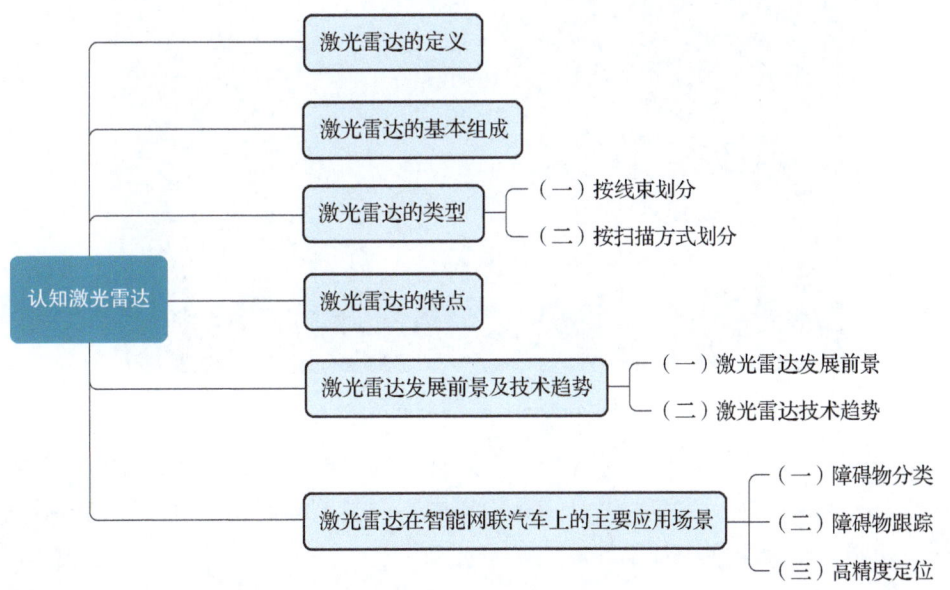

情境导入

车载激光雷达（LiDAR）具有强大而复杂的信息感知和处理能力，可以帮助汽车感知道路环境，控制车辆到达预定的目标。在试装车上，已经安装了视觉以及毫米波雷达传感器，现主管要求对市面上的车规级激光雷达进行调研，包括激光雷达的类型、成本、品质等，并提交调研报告。

获取信息

引导问题 1

请查阅相关资料，简述激光雷达是如何获取物体的位置信息的。

_____
_____
_____

激光雷达的定义

激光雷达（Light Detection and Ranging，LiDAR）如图 4-1-1 所示，是一种光学遥感传感器，它通过向目标物体发射激光，然后根据接收 - 反射的时间间隔确定目标物体的实际距离，并且根据距离及激光发射的角度，通过几何变化推导出物体的位置信息。激光雷达是集激光、全球定位系统（GPS）和惯性测量装置（IMU）三大技术为一体的系统，能够确定物体的位置、大小、运动速度、外部形貌甚至材质。

图 4-1-1　多线激光雷达

激光雷达采集到的物体信息呈现出一系列分散的、具有准确角度和距离信息的点，称为点云。图 4-1-2 所示为多线激光雷达扫描的不同类型障碍物的点云图，包括汽车、人、墙、树木、公交车和小货车等。

图 4-1-2　多线激光雷达点云图

与传统雷达使用无线电波相比，LiDAR 使用激光，其波长一般在 600~1000nm，远远低于传统雷达所使用的波长。因此，LiDAR 在测量物体距离和表面形状时可达到更高的精准度，一般精准度可以达到厘米级。由于激光的传播受外界环境影响较小，LiDAR 能够检测的距离一般可达 100m 以上。

引导问题 2

请查阅相关资料，简述激光雷达的组成。
_____
_____
_____

激光雷达的基本组成

激光雷达由发射光学系统、接收光学系统、主控及处理电路板、探测器接收电路模块、激光器及驱动模块组成。图 4-1-3 为单线激光雷达零件分解图。图 4-1-4 为多线激光雷达零件分解图。

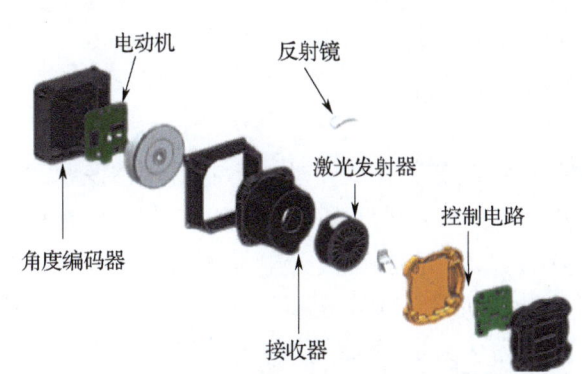

图 4-1-3　单线激光雷达零件分解图

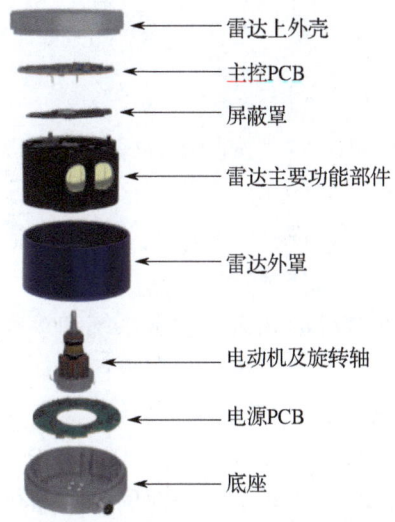

图 4-1-4　多线激光雷达零件分解图

> **引导问题 3**
>
> 请查阅相关资料,简述激光雷达有哪些类型,并举例说明。
> _____
> _____
> _____

激光雷达的类型

当前,激光雷达可按线束和扫描方式划分,下面介绍常见的激光雷达类型。

(一)按线束划分

1. 单线激光雷达

单线激光雷达只能完成平面扫描,其扫描速度快、分辨率和可靠性高,目前主要应用于服务机器人等对高度信息要求不高,以及需要测距、需要规避障碍物的场景,如图 4-1-5 所示。

2. 多线激光雷达

多线激光雷达是指同时发射及接收多束激光的激光旋转测距雷达,它可识别物体的高度信息,但因造价昂贵,目前主要用于自动驾驶等领域,如图 4-1-6 所示。

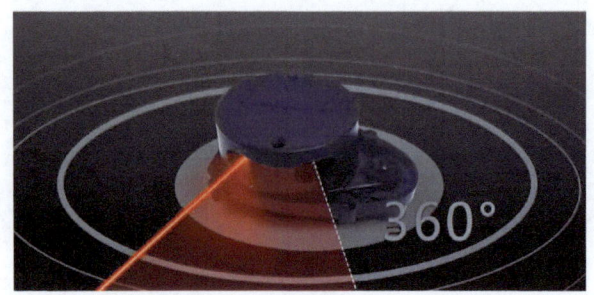

图 4-1-5　单线激光雷达扫描

图 4-1-6　多线激光雷达扫描

(二)按扫描方式划分

激光雷达按扫描方式大体可以分为三种类型:机械式、固态式和混合固态式。目前机械式最为常用,固态式属于未来的发展方向,混合固态式是机械式和固态式的折中方案,现阶段量产车主要搭载混合固态式激光雷达。

1. 机械旋转式激光雷达

这种激光雷达发射系统和接收系统存在物理意义上的转动,不断地旋转发射器,将激光点变成线,并在竖直方向上排布多束激光发射器形成面,实现 3D 扫描的目标。机械式激光雷达内部结构复杂,主要包括激光器、扫描器、光电探测器以及位置和导航器件,如图 4-1-7 所示。由于它通过复杂的机械结构实现高频准确的转动,硬件成本高,且很难保持长时间稳定运行,使用寿命多为 2 万 ~3 万 h(正常使用 2~3 年),因此固态激光雷达成为很多公司的研究方向。

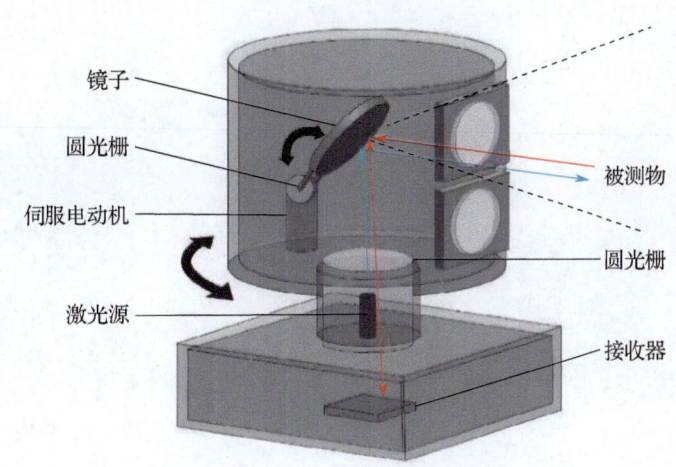

图 4-1-7 多线激光雷达结构

2. 转镜激光雷达（混合固态）

转镜激光雷达类似于机械式，其收发模块不动，通过电动机带动转镜运动，将激光反射到不同的方向实现一定范围内激光的扫描，如图4-1-8所示。目前转镜激光雷达方案较成熟，易于通过车规，是目前自动驾驶汽车上应用较多的方案，相比纯机械式，它的机械结构简单，体积相对较小，易于量产。

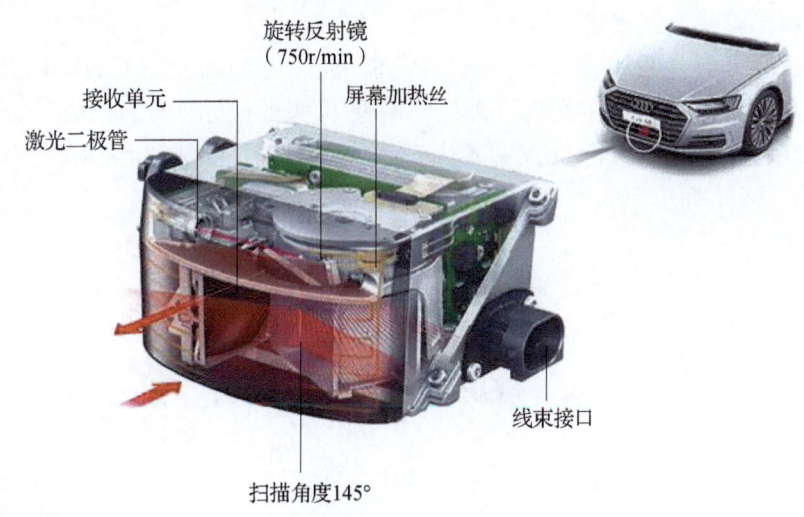

图 4-1-8 奥迪 A8 混合固态激光雷达结构

3. MEMS 激光雷达（混合固态）

这种激光雷达通过微振镜代替机械式旋转装置，由微振镜反射激光形成较广的扫描角度和较大的扫描范围。相比机械式，MEMS（微机电系统）激光雷达具有芯片化、无机械组件等优点，兼顾车规量产与高性能的需求。例如，大疆的 Livox HAP 采用一边厚一边薄的双楔形棱镜方案，通过两个棱镜转速的调整改变激光扫描方向，无需多个模组拼接就能实现更大的 FOV，以较少的收发单元，就能达到较高的点云密度，如图 4-1-9 所示。

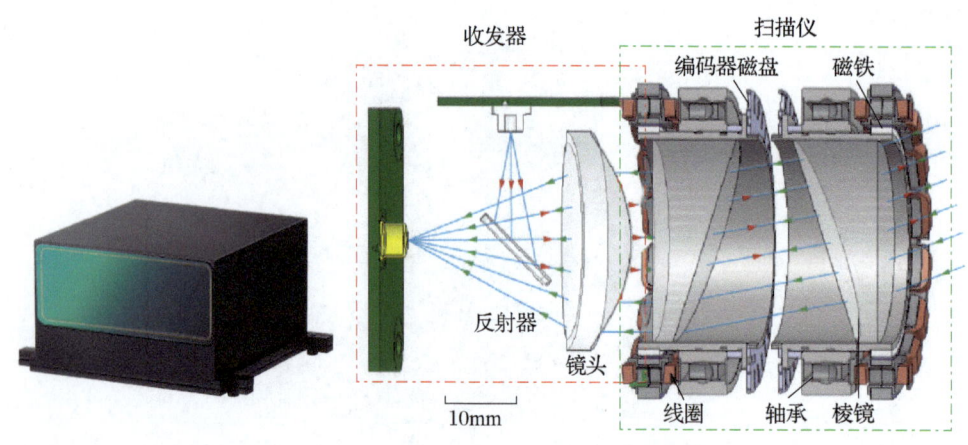

图 4-1-9　Livox HAP（左）与工作原理（右）

4. 泛光面阵式激光雷达（Flash，固态）

泛光面阵式是目前全固态激光雷达中较为成熟的技术（原理类似相机），它可以短时间直接发出一大片覆盖探测区域的激光，以高灵敏度的接收器完成周围环境的绘制，能快速记录整个场景，避免了扫描过程中雷达或目标移动带来的影响，如图 4-1-10 所示。但是由于每次发射的光线会散布在整个视场内，这意味着只有小部分激光会投射到某些特定点，很难进行远距离探测。

5. 光学相控阵式激光雷达（OPA，固态）

相控阵式激光雷达采用多个光源组成阵列，通过控制各光源发光时间差（相对相位），合成具有特定方向的主光束，加以控制便可实现不同方向的扫描，如图 4-1-11 所示。光学相控阵要求阵列单元尺寸不大于半个波长，目前激光雷达的工作波长均在 1000nm 左右，故阵列单元的尺寸不得大于 500nm，加工难度较大。

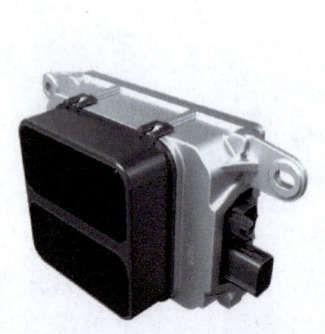

图 4-1-10　HFL118 高分辨率闪光式固态车规激光雷达

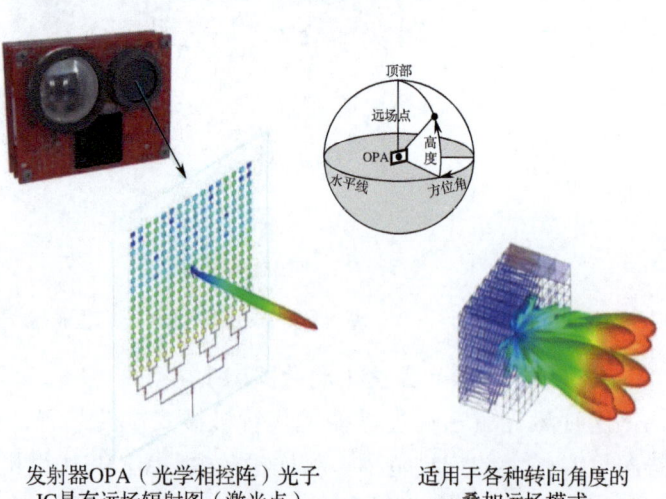

图 4-1-11　OPA 固态激光雷达 S3 系列工作原理

引导问题 4

请查阅相关资料，简述激光雷达的特点。
_____
_____
_____

激光雷达的特点

相对于其他传感器来说，激光雷达主要有如下几方面的优点。

1）具有极高的分辨率。激光雷达工作于光学波段，频率比微波高两三个数量级，因此，与微波雷达相比，激光雷达具有极高的距离分辨率、角分辨率和速度分辨率。

2）抗干扰能力强。激光波长短，可发射发散角非常小（μrad 量级）的激光束，多路径效应小（不会形成定向发射，与微波或者毫米波产生多路径效应），可探测低空 / 超低空目标。

3）获取的信息量丰富。可直接获取目标的距离、角度、反射强度、速度等信息，生成目标多维度图像。

4）可全天时工作。激光主动探测，不依赖于外界光照条件或目标本身的辐射特性。它只需发射自己的激光束，通过探测发射激光束的回波信号来获取目标信息。

不同种类的激光雷达也有不同的优缺点，见表 4-1-1。在固态激光雷达技术演进路线层面，基于 MEMS 式的固态激光雷达是最有希望快速落地的成熟方案，OPA 与 Flash 则是明日之星。基于 OPA 的固态激光雷达尽管有着扫描速度快、精度高、可控性好的优点，但其生产难度较高；而 Flash 雷达虽然稳定性和成本不错，但其探测距离较近；相比之下，通过微振镜的方式改变单个发射器的发射角度进行扫描，由此形成面阵扫描视野的 MEMS 激光雷达，不仅技术上更容易实现，价格也更加可控，因此被主机厂一致看好。

表 4-1-1 各类激光雷达的优缺点

传感器种类	适合测距	体积	量产成本	技术成熟度
机械式	适合中远距离	大	机械结构复杂，成本很难下降	高
MEMS	适合中远距离	小	较低	中
Flash	适合近距离，远距离精度低	较小	低	中
OPA	适合中远距离	最小	目前很高，未来可能很低	低

引导问题 5

请查阅相关资料，简述目前激光雷达的发展前景以及技术趋势。
_____
_____
_____

激光雷达发展前景及技术趋势

（一）激光雷达发展前景

根据沙利文公司预测，预计到 2025 年全球激光雷达市场规模可达 136 亿美元（2020—2025 年化增速约 62%），其中汽车 ADAS 与 Robotaxi/Robotruck 的市场规模或近 81 亿美元（2020—2025 年化增速约 66%）。相比之下，国内激光雷达市场或达 44 亿美元（2020—2025 年化增速约 64%），其中汽车 ADAS 与 Robotaxi/Robotruck 的市场规模或近 23 亿美元（2020—2025 年化增速约 65%），全球占比约 30%。可以看出无论是国内还是国际市场，未来激光雷达市场的增长与规模会有较大的提升，市场发展潜力巨大。

在汽车领域应用方面，全球基于 ADAS 的激光雷达需求（L2/L3）将快速提升；2023 年开始，全球基于无人驾驶（Robotaxi/Robotruck）的需求将随着自动驾驶等级的不断提升（D4/L5）而开始快速增长，成为激光雷达下游的一个重要构成部分，未来激光雷达在无人驾驶汽车领域将主要应用在 L3、L4、L5 级无人驾驶汽车上，以其高性能、快速运算、收集信息等优点协助实现无人驾驶汽车安全高效运行。

（二）激光雷达技术趋势

从目前国内外各主流厂商的布局来看，未来激光雷达的技术发展趋势主要表现在以下几个方面。

首先，技术指标提升。激光雷达的测程、视场覆盖和测量网格密度是评价激光雷达性能的主要技术参数，也是激光雷达的主要应用技术指标，激光雷达技术及产品的发展必然伴随着上述技术指标的不断提高。

其次，固态化技术是行业发展趋势，未来技术方案将沿着"机械式—半固态—纯固态"的进程依次迭代变革。相较于机械式激光雷达，固态激光雷达在内部采用芯片集成设计，去掉了大部分/全部的机械部件，使产品趋于轻量、可靠、高效、易量产。车载环境面临颠簸、振动、高低温等严苛环境，光其在高速运行时，振动等对于可活动器件的稳定运行带来较大挑战。Flash、OPA 等纯固态设计中没有任何运动部件，理论上体积可进一步缩小、并可以进行较高程度的芯片化设计，理论上成本亦可以达到 100 美元以下。当前纯固态方式仍较多处于实验室或初步测试阶段，距离技术成熟、大规模量产上车可能仍需要 5 年左右时间。

再次，未来的激光雷达须具备小型化和轻量化的特点。可以类似车灯分布在四周，实现汽车周边监控或探测。另外，激光雷达单机重量不应该超过 1kg，对于多线短距激光雷达更应限制在 300~500g，便于嵌入车身，有利于主机厂整车设计，这将在前装市场受到高度重视。

最后，环境适应和抗干扰能力是未来激光雷达技术发展需要克服的瓶颈。激光雷达需要做到全天时、全天候工作并保持优秀的探测能力。此外，由于波长、传播特性等原因，容易受到其他车辆上激光雷达的干扰，这些都是未来亟待解决的重要问题。

引导问题 6

请查阅相关资料，简述激光雷达在智能网联汽车上的主要应用，并结合现有量产车举例说明。
_____
_____
_____

激光雷达在智能网联汽车上的主要应用场景

智能网联汽车通过激光雷达对周边环境进行扫描识别，从而引导车辆行进。激光雷达在智能网联汽车中起着类似于"眼睛"的功能，能够根据扫描到的点云数据快速绘制3D全景地图。

主要应用场景有障碍物分类、障碍物跟踪、路沿可行驶区域检测、车道标志线检测和高精度定位等。接下来介绍典型应用案例。

（一）障碍物分类

激光雷达对周围障碍物进行扫描，提取障碍物的形状特征，对比数据库原有特征数据进行障碍物分类。如图4-1-12所示，激光雷达将轿车、货车和自行车等进行了分类。

（二）障碍物跟踪

激光雷达采用相关算法对比前后帧变化障碍物，利用同一障碍物的坐标变化，实现对障碍物的速度和航向的检测跟踪，可为后续避障提供可靠的数据信息，如图4-1-13所示。

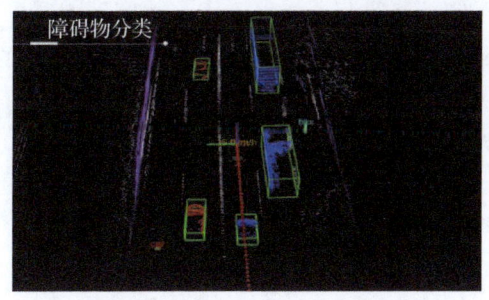
图 4-1-12　障碍物分类

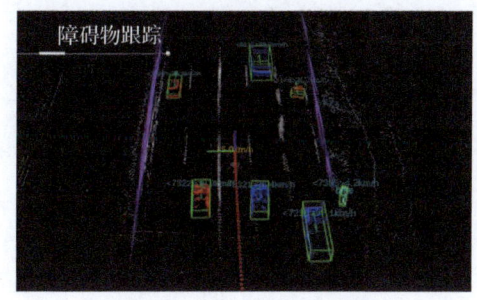
图 4-1-13　障碍物跟踪

（三）高精度定位

首先，GPS给定初始位置，通过惯性测量元件（IMU）和车辆的编码器（Encoder）可以得到车辆的初始位置，然后对激光雷达的局部点云信息，包括点线面的几何信息和语义信息进行特征提取，并结合车辆初始位置进行空间变换，获取基于全局坐标系下的矢量特征，接着将这些特征与高精度地图的特征信息进行匹配，获取一个准确的定位，如图4-1-14所示。

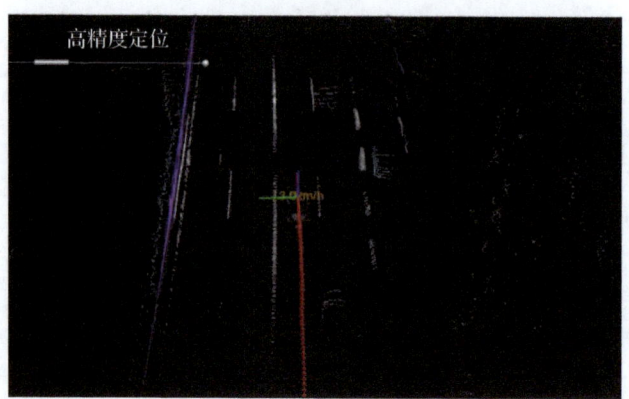

图 4-1-14　高精度定位

拓展阅读

激光雷达点亮"中国智造"

2022 年 10 月 26 日，禾赛科技联合创始人及 CEO 李一帆被授予"2021 年度上海市青年五四奖章标兵"的荣誉称号，以表彰他为建设科技强国、扩大中国"智造"全球影响力做出的突出贡献。

上海禾赛科技有限公司坐落于嘉定，在光、机、电、软等激光雷达核心技术领域拥有数百项专利，客户遍及 40 个国家和地区、90 多个城市。公司联合创始人、首席执行官李一帆是一名拥有清华大学学士与美国伊利诺伊大学香槟分校博士学位的 85 后，与另两位联合创始人相识于学生时代。他们都有硬件专业背景，希望做一些"看得见、摸得着"的产品，将知识转化为生产力，于是一拍即合，开启了创新创业之路。

李一帆介绍，激光雷达被称为智能汽车的"眼睛"，具备强大的三维空间感知能力，是高级别辅助驾驶和自动驾驶的必备传感器之一。熟知机器人和运动控制领域的他，带领公司从对激光雷达性能要求最高的无人驾驶领域入手，构建了"长、中、短距兼备，机械、固态方案并进"的立体化产品矩阵，解决激光雷达成本高、量产难等"卡脖子"问题。

李一帆说："我们的创业初心，就是想为'中国制造'转向'中国智造'贡献一份力量"。就在 2022 年 9 月，禾赛科技实现单月交付量突破 1 万台，成为全球首家月交付过万的车载激光雷达公司。作为 10 名标兵中唯一一位青年企业家，李一帆将其视作一份殊荣，更是一份责任。

他认真学习了党的二十大报告，深感自党的十八大以来是极不平凡的十年，是充满感动的十年，在诸多不确定性中披荆斩棘、奋勇前进，创造了辉煌的成绩。新时代新征程，李一帆表示自己将不忘初心、牢记使命，深耕科技创新，提升发展水平，服务社会大众，为全面建成社会主义现代化强国、实现第二个百年奋斗目标贡献自己的力量。

实际上，伴随着中国智能驾驶行业的强势崛起，以禾赛等为代表的中国厂商已成为全球车载激光雷达赛道的领头羊——Yole Intelligence 2022 年 8 月发布的《2022 年汽车与工业领域激光雷达应用报告》显示，禾赛获得全球车载激光雷达领域总营收第一、全球 L4 自动驾驶激光雷达市占率第一、全球 ADAS 激光雷达定点数量第一的殊荣。

任务分组

学生任务分配表

班级		组号		指导老师	
组长		学号			
组员角色分配					
信息员		学号			
操作员		学号			
记录员		学号			
安全员		学号			
任务分工					
（就组织讨论、工具准备、数据采集、数据记录、安全监督、成果展示等工作内容进行任务分工）					

工作计划

按照前面所了解的知识内容和小组内部讨论的结果，制定工作方案，落实各项工作负责人，如任务实施前的准备工作、实施中主要操作及协助支持工作、实施过程中相关要点及数据的记录工作等，并将结果填入工作计划表中。

工作计划表

步骤	工作内容	负责人
1		
2		
3		
4		
5		

进行决策

1. 各组派代表阐述资料查询结果。
2. 各组就各自的查询结果进行交流，并分享技巧。
3. 教师结合各组完成的情况进行点评，选出最佳方案。

任务实施

激光雷达认知		
记录		完成情况
1. 请查阅相关资料，简述激光雷达在生活中的应用场景，举例说明（一两个）。		已完成□ 未完成□
2. 请查阅相关资料，以实车举例，列出车辆上布局的激光雷达数量及位置。		

评价反馈

1. 各组代表展示汇报 PPT，介绍任务的完成过程。
2. 请以小组为单位，对各组的操作过程与操作结果进行自评和互评，并将结果填入综合评价表中的小组评价部分。
3. 教师对学生工作过程与工作结果进行评价，并将评价结果填入综合评价表中的教师评价部分。

综合评价表

班级		组别		姓名		学号	
实训任务							
	评价项目		评价标准			分值	得分
小组评价	计划决策		制定的工作方案合理可行，小组成员分工明确			10	
	任务实施		能够正确检查并设置实训工位			10	
			请查阅相关资料，简述激光雷达在生活中的应用场景，举例说明			15	
			请查阅相关资料，以实车举例，列出车辆上布局的激光雷达数量及位置			15	
			能够规范填写任务工单			20	
	任务达成		能按照工作方案操作，按计划完成工作任务			10	
	工作态度		认真严谨、积极主动，安全生产，文明施工			10	

（续）

评价项目		评价标准	分值	得分
小组评价	团队合作	小组组员积极配合、主动交流、协调工作	5	
	6S 管理	完成竣工检验、现场恢复	5	
		小计	100	
教师评价	实训纪律	不出现无故迟到、早退、旷课现象，不违反课堂纪律	10	
	方案实施	严格按照工作方案完成任务实施	20	
	团队协作	任务实施过程互相配合，协作度高	20	
	工作质量	能准确完成任务实施的内容	20	
	工作规范	操作规范，三不落地，无意外事故发生	10	
	汇报展示	能准确表达、总结到位、改进措施可行	20	
		小计	100	
综合评分		小组评价分 ×50% + 教师评价分 ×50%		
总结与反思				

（如：学习过程中遇到什么问题→如何解决的 / 解决不了的原因→心得体会）

任务二　实现单线激光雷达的应用

学习目标

- 了解单线激光雷达工作原理。
- 了解激光测距分类。
- 理解激光雷达的标定。
- 了解单线激光雷达在智能网联汽车中的应用。
- 掌握单线激光雷达安装与调试的能力，培养勤于实践的能力。

智能网联汽车传感器技术与应用

知识索引

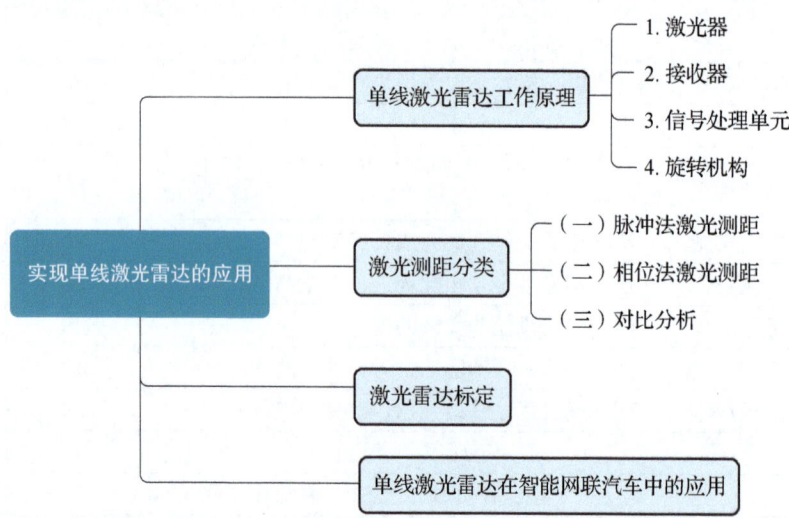

情境导入

某科技公司主营激光雷达业务，主管要求你为客户讲解公司的单线激光雷达的测距以及建图方式，作为一名激光雷达测试工程师，你知道如何为客户更好地讲解吗？

获取信息

引导问题 1

请查阅相关资料，单线激光雷达的核心组件有哪些。（　　　）
A. 接收器　　　　B. 激光器　　　　C. 信号处理单元　　　D. 旋转机构

单线激光雷达工作原理

单线激光雷达采用激光三角测距原理测距。每次测距过程中，激光雷达发射经过调制的红外激光信号，该激光信号在照射到目标物体后产生的反射光被激光雷达的视觉采集系统接收，然后经过嵌入在内部的处理器实时解算到目标物体的距离，如图 4-2-1 所示。

以市面上常见的某款单线激光雷达为例，其主要由激光器、接收器、信号处理单元和旋转机构这 4 个核心组件构成，如图 4-2-2 所示。

1. 激光器

激光器是激光雷达中的激光发射机构。在工作过程中，它会以脉冲的方式点亮。思岚科技的 RPLIDAR A3 系列雷达，每秒钟会点亮和熄灭 16000 次。

088

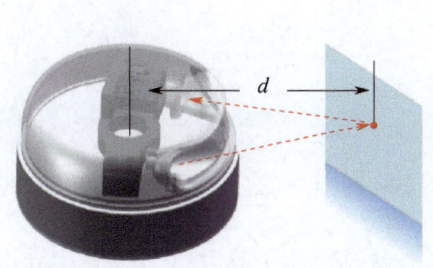
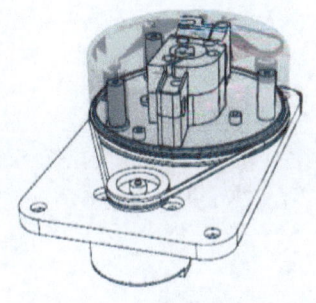

图 4-2-1　单线激光雷达工作原理　　图 4-2-2　单线激光雷达的核心组件

2. 接收器

激光器发射的激光照射到障碍物以后，通过障碍物的反射，反射光线经由镜头组汇聚到接收器上。

3. 信号处理单元

信号处理单元负责控制激光器的发射，以及接收器收到的信号的处理。根据这些信息计算出目标物体的距离信息。

4. 旋转机构

以上 3 个组件构成了测量的核心部件。旋转机构负责将上述核心部件以稳定的转速旋转起来，从而实现对所在平面的扫描，并产生实时的平面图信息。

> **引导问题 2**
>
> 请查阅相关资料，简述激光雷达两种测距方法的优缺点。
> _____
> _____
> _____

激光测距分类

根据发射激光信号的不同形式，激光测距方式可以分为脉冲法激光测距和相位法激光测距两大类，如图 4-2-3、图 4-2-4 所示。

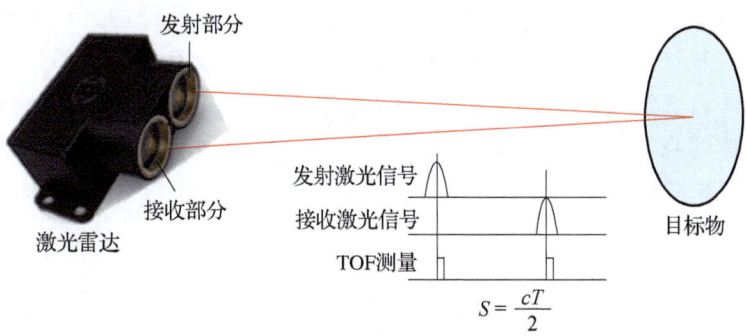

图 4-2-3　脉冲法激光测距

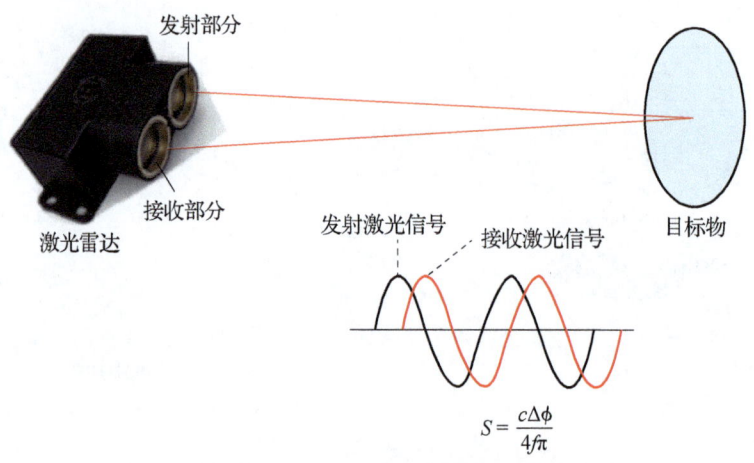

图 4-2-4　相位法激光测距

（一）脉冲法激光测距

脉冲法是指激光雷达的发射器发出脉冲激光照射到障碍物后有部分激光反射回来，由激光雷达的接收器接收，激光雷达内部记录光脉冲从发射和接收的时间间隔，再根据光速就可以计算出要测量的距离 S。

$$S = \frac{cT}{2}$$

式中，c 为光在空气中的传播速度，$c = 3 \times 10^8 \text{m/s}$；$T$ 为光脉冲从发射到接收的时间。

（二）相位法激光测距

相位法是指激光发射器发出强度调制的连续激光信号，照射到障碍物后反射回来，测量光束在往返中会产生相位的变化，通过计算激光信号在雷达与障碍物之间来回飞行产生的相位差，换算出障碍物的距离 S。

$$S = \frac{c\Delta\phi}{4f\pi}$$

式中，c 为光在空气中的传播速度，$c = 3 \times 10^8 \text{m/s}$；$f$ 为正弦波频率；$\Delta\phi$ 为发射波和返回波之间的相位差。

从原理上来说，脉冲法（TOF）雷达可以测量的距离更远。实际上，在一些要求测量距离较远的场合，比如智能网联汽车应用，几乎都是 TOF 雷达。TOF 激光雷达采用脉冲激光采样，并且还能严格控制视场以减少环境光的影响，这些都是长距离测量的前提条件。另外，在转速一定的情况下，采样率（每秒能够完成的点云测量次数）决定了每一帧图像的点云数目以及点云的角分辨率。角分辨率越高，点云数量越多，则图像对周围环境的描绘就越细致。

（三）对比分析

对比分析见表 4-2-1。

表 4-2-1　测距方法对比分析

方法	优点	缺点
激光雷达脉冲法	测量距离远，一般大于1000m。系统体积小，抗干扰能力强	精度较低，一般大于1m
激光雷达相位法	测量精度高	测量距离较近，在300~1000m。受激光调制相位测试精度和相位调制频率的限制，系统造价成本高

相位法测距：测量距离大会导致精度不高，要想提高精度测量距离又会受限。

 引导问题 3

请查阅相关资料，简述单线激光雷达标定注意事项。

_____
_____
_____

激光雷达标定

为了建立激光雷达与车辆间的相对位置关系，需要对激光雷达进行标定，使激光雷达搜集的数据由激光雷达坐标系统一到车体坐标系上。

通过建立车辆质心坐标系、雷达基准坐标系以及车载激光雷达坐标系，将激光雷达的数据转换到基准坐标系中，再将其统一转换到车辆坐标系下。激光雷达外部安装参数的标定，通常采用等腰直角三角标定板和正方形标定板来完成。需要标定的激光雷达的安装参数包括激光雷达的俯仰角与侧倾角等。其他较好的标定方法还包括交互信息最大化外部自动标定法。

外参数是激光雷达与其他坐标系（例如车辆后轴中心）之间的坐标系转换关系。我们主要标定的是俯仰角（x 轴）和侧倾角（y 轴），如图 4-2-5 所示。

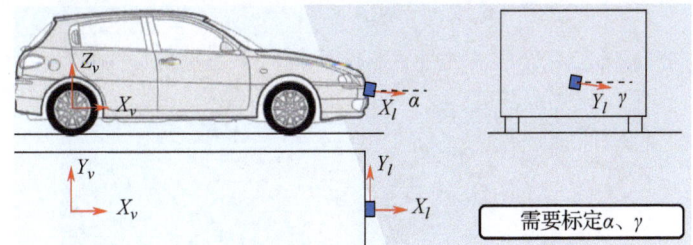

图 4-2-5　激光雷达的标定

 引导问题 4

请查阅相关资料，简述单线激光雷达可以应用在哪些场景？

_____
_____
_____

单线激光雷达在智能网联汽车中的应用

2005年，美国DARPA自动驾驶挑战赛的参赛车中，斯坦福大学名为Stanly的参赛车是当年获得冠军的参赛车，另一个是卡耐基梅隆大学的参赛车。当时它们用的是SICK公司的单线激光雷达。特别是斯坦福大学的参赛车，光是上方就装了五个激光雷达，我们可以认为它是多线激光雷达的"鼻祖"，只不过它是用了五个单线激光雷达来实现多线激光雷达的功能。2007年Velodyne推出64线激光雷达以后，很多自动驾驶车辆基本上都采用了Velodyne的产品。

图4-2-6是中国智能车未来挑战赛部分参赛车的照片。可以看到，除了使用Velodyne多线激光雷达、Ibeo多线激光雷达外，它们都安装了SICK单线激光雷达。

图4-2-6　中国智能车未来挑战赛部分参赛车的照片

在行人探测、障碍物探测（小目标探测）以及前方障碍物探测等方面，单线激光雷达比多线激光雷达更具优势，因为单线激光雷达的角分辨率可以做得比多线激光雷达高，这一点在探测小物体或者行人方面非常有用。

图4-2-7是Ibeo单线激光雷达的宣传视频截图，图中它实现的一个功能是前向防碰撞。比如，在行驶路上，左侧突然出现一辆车，激光雷达在探测到车辆的位置和大小以后，实现自动避让。这个技术在智能机器人、服务机器人上非常有用，而且目前也是比较受关注的领域。

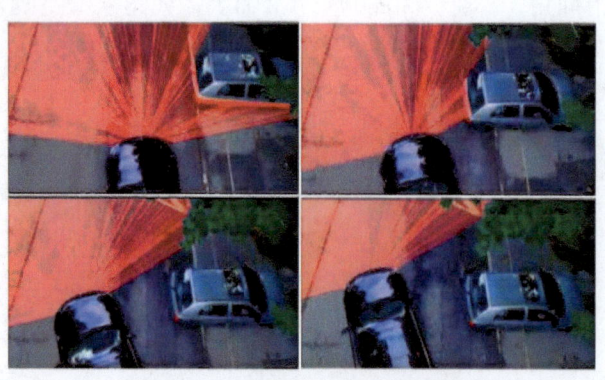

图4-2-7　Ibeo单线激光雷达

图4-2-8是激光雷达在车道检测和车道偏航预警的应用。

激光雷达进行车道检测的优势：第一，它使用红外激光，这种激光本身在红外波段，其辐射比可见光要低得多。第二，增加一个波段非常窄的滤光片，可以把强背景光直接滤除。然后再用红外光进行探测，这样就能获得一张质量非常高的车道线图像，通过图像的灰度，就能非常容易地把车道线检测出来。换句话说，用激光雷达进行车道线检测，其性能比相机要高。

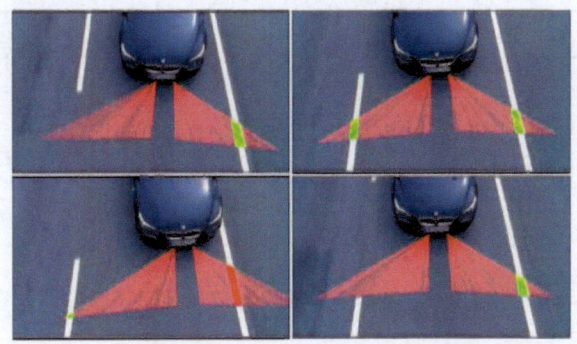

图 4-2-8　激光雷达在车道检测和车道偏航预警的应用

单线激光雷达在辅助驾驶里的应用是行人探测（图 4-2-9），这实际上也是一个前向防碰撞的应用，与汽车防碰撞基本类似。由于单线激光雷达的角分辨率可以做到比多线激光雷达高，可在更远的距离提前发现行人，为控制系统或驾驶员反应留出更多的预警时间。

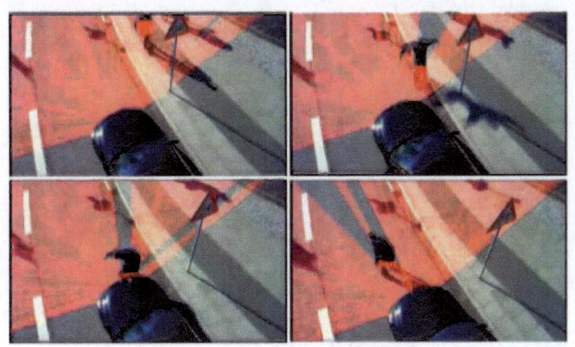

图 4-2-9　行人探测

图 4-2-10 是 ACC（Stop&Go）的应用。这个功能在交通拥堵的情况下特别适用，它是通过前向激光雷达直接探测前面的汽车运动来获得前车的准确距离信息，然后通过控制汽车自动进行跟随。

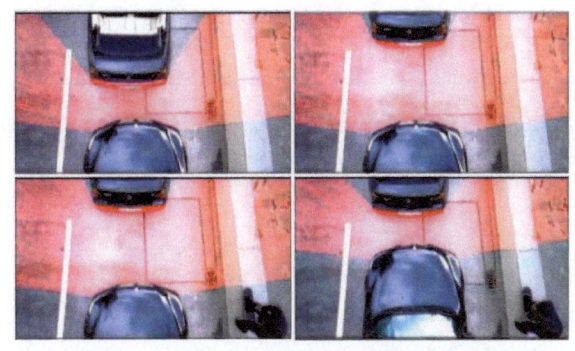

图 4-2-10　ACC（Stop&Go）的应用

093

任务分组

学生任务分配表

班级		组号		指导老师	
组长		学号			

组员角色分配			
信息员		学号	
操作员		学号	
记录员		学号	
安全员		学号	

任务分工
（就组织讨论、工具准备、数据采集、数据记录、安全监督、成果展示等工作内容进行任务分工）

工作计划

按照前面所了解的知识内容和小组内部讨论的结果，制定工作方案，落实各项工作负责人，如任务实施前的准备工作、实施中主要操作及协助支持工作、实施过程中相关要点及数据的记录工作等，并将结果填入工作计划表中。

工作计划表

步骤	工作内容	负责人
1		
2		
3		
4		
5		

进行决策

1. 各组派代表阐述资料查询结果。
2. 各组就各自的查询结果进行交流，并分享技巧。
3. 教师结合各组完成的情况进行点评，选出最佳方案。

任务实施

在智能网联汽车中单线激光雷达主要用于车道检测和车道偏航预警，本次任务是在 Ubuntu 系统中安装驱动并进行数据回放及点云可视化。扫描右侧二维码，了解单线激光雷达驱动包安装与调试方法，并完成下方任务。

单线激光雷达驱动包安装与调试

参考操作视频，按照规范作业要求完成单线激光雷达驱动包安装与调试的操作步骤，完成数据采集并记录。

单线激光雷达驱动包安装与调试			
序号	步骤	记录	完成情况
1	单线激光雷达驱动包安装 1. 新建工作空间 test 2. 在 test 目录下创建 src 3. 将 ydlidar_ros-G4 驱动包复制到 src 目录里		已完成□ 未完成□
2	单线激光雷达驱动包编译 1. 重置工作空间 2. 编译工作空间 3. 输入 catkin_make 进行编译 4. 编译完成后在 test 目录中会出现 build、devel 两个文件夹		已完成□ 未完成□
3	单线激光雷达角度距离、频率配置，数据保存 1. 刷新工作空间 2. 启动激光雷达 3. 查看激光雷达频率输出		已完成□ 未完成□
4	数据保存、回放 1. 在工作空间中，输入 rosbag record -o xxx.bag 录制地图 2. 单击保存地图 3. 单击回放 CASE1 可查看之前所录制的地图		已完成□ 未完成□
5	单线激光雷达点云可视化显示 1. 打开 Rviz 2. 打开 ADD，选择 By topic，再选择 LaserScan，选择 laser 3. 可看到点云输出		已完成□ 未完成□
总结提升			已完成□ 未完成□

评价反馈

1. 各组代表展示汇报 PPT，介绍任务的完成过程。
2. 请以小组为单位，对各组的操作过程与操作结果进行自评和互评，并将结果填入综合评价表中的小组评价部分。

3. 教师对学生工作过程与工作结果进行评价，并将评价结果填入综合评价表中的教师评价部分。

综合评价表

班级		组别		姓名		学号	
实训任务							
评价项目		评价标准			分值		得分
小组评价	计划决策	制定的工作方案合理可行，小组成员分工明确			10		
	任务实施	能够正确检查并设置实训工位			10		
		单线激光雷达驱动包安装与调试			40		
		能够规范填写任务工单			10		
	任务达成	能按照工作方案操作，按计划完成工作任务			10		
	工作态度	认真严谨、积极主动，安全生产，文明施工			10		
	团队合作	小组组员积极配合、主动交流、协调工作			5		
	6S 管理	完成竣工检验、现场恢复			5		
		小计			100		
教师评价	实训纪律	不出现无故迟到、早退、旷课现象，不违反课堂纪律			10		
	方案实施	严格按照工作方案完成任务实施			20		
	团队协作	任务实施过程互相配合，协作度高			20		
	工作质量	能准确完成单线激光雷达驱动包安装与调试任务			20		
	工作规范	操作规范，三不落地，无意外事故发生			10		
	汇报展示	能准确表达、总结到位、改进措施可行			20		
		小计			100		
综合评分		小组评价分 × 50% + 教师评价分 × 50%					
总结与反思							

（如：学习过程中遇到什么问题→如何解决的 / 解决不了的原因→心得体会）

任务三 实现多线激光雷达的应用

学习目标

- 了解多线激光雷达工作原理。
- 掌握进制之间的转换，具备多种进制之间的转换能力。
- 掌握多线激光雷达数据解析。
- 了解多线激光雷达的应用。
- 掌握多线激光雷达配置与数据解析的能力，了解真实的工作任务，明确职业定位。

知识索引

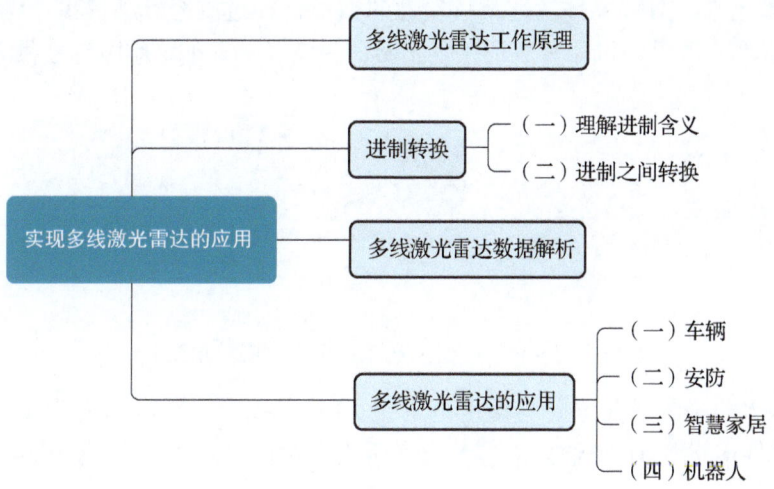

情境导入

某激光雷达厂商正在对新生产的一批激光雷达的各个指标进行验证，其中，你作为激光雷达检测工程师，需要对新生产的激光雷达进行检测，检测数据协议是否正常，从连接-数据显示等角度出发，提交一份数据报告。

获取信息

引导问题 1

查阅相关资料,简述 RS-LiDAR-16 激光雷达的工作原理。

_____

_____

_____

多线激光雷达工作原理

激光雷达的工作原理

下面以市面上常见的一款 16 线激光雷达 RS-LiDAR-16 为例,介绍其工作原理,如图 4-3-1 所示。RS-LiDAR-16 是世界领先的小型激光雷达,主要面向无人驾驶汽车环境感知、机器人环境感知、无人机测绘等领域。RS-LiDAR-16 采用混合固态方式,集合了 16 个激光收发组件,测量距离高达 150m,测量精度在 ±2cm 以内,出点速度高达 3000000 点/s,水平测角 360°,垂直测角 -15°~15°。RS-LiDAR-16 通过 16 个激光发射组件在快速旋转的同时发射高频率激光束,对外界环境进行持续性的扫描,经过测距算法提供三维空间点云数据及物体反射率,可以让机器看到周围的世界,为定位、导航、避障等提供有力的保障。

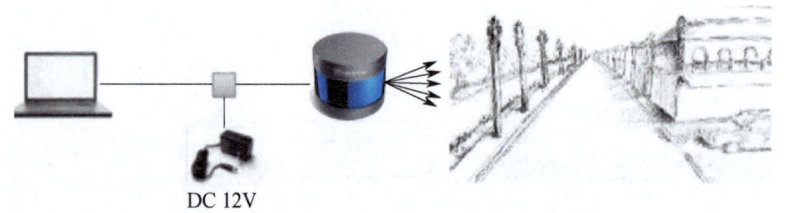

图 4-3-1　RS-LiDAR-16 线激光雷达成像系统

RS-LiDAR-16 在垂直方向的角度范围是 -15°~+15°,角度间隔为 2° 均匀分布。将 16 个光器件定义为 16 路通道,它与真实垂直角度的对应关系如图 4-3-2 所示。

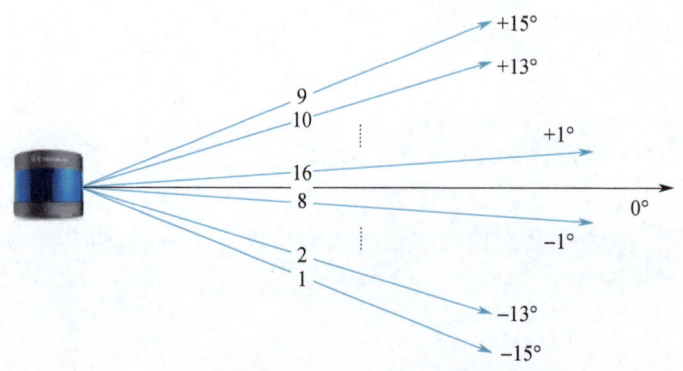

图 4-3-2　RS-LiDAR-16 线激光雷达俯仰角定义

引导问题 2

请查阅相关资料，简述十六进制的含义。
_____
_____
_____

进制转换

在理解激光雷达数据解析之前，我们需要学习有关进制之间的转换，这有助于了解每段数据的实际值。

（一）理解进制含义

1. 二进制

二进制是一种基数为 2 的计数系统。这一系统中，通常用两个不同的符号 0 和 1 来表示。

现代计算机和依赖计算机的设备都使用二进制。每个数字称为一个比特（bit）。

2. 八进制

八进制是一种以 8 为基数的计数法，采用 0，1，2，3，4，5，6，7 八个数字，逢 8 进 1，英文名称为 Octal，缩写为 OCT 或 O。

3. 十进制

十进制是一种以 10 为基数的计数系统，由 0，1，2，3，4，5，6，7，8，9 十个基本数字组成，英文名称为 Decimal System，缩写为 DEC 或 D。

4. 十六进制

十六进制是一种以 16 为基数的计数系统，用数字 0~9 和字母 A~F 表示 0~15。一般用 H 表示十六进制。

（二）进制之间转换

1. 十进制转二进制

用 2 连续整除十进制整数，直至商小于 1，然后，将余数从下向上倒序排列就是结果。

例如 302：

302/2=151 余 0
151/2=75 余 1
75/2=37 余 1
37/2=18 余 1
18/2=9 余 0
9/2=4 余 1
4/2=2 余 0
2/2=1 余 0
1/2=0 余 1

故二进制为 100101110。

2. 二进制转十进制

例如二进制"1101100"：

换算成十进制的算法为

$1×2^6+1×2^5+0×2^4+1×2^3+1×2^2+0×2^1+0×2^0$

$=64+32+0+8+4+0+0=108$

3. 二进制转八进制

例如，二进制"10110111011"：

转八进制时，从右到左三位一组，不够补 0，即：010 110 111 011，每组中的 3 个数分别对应 4、2、1，然后将得到的分组合并，如：

010 = 2

110 = 4+2 = 6

111 = 4+2+1 = 7

011 = 2+1 = 3

结果为：2673

4. 二进制转十六进制

二进制转十六进制与二进制转八进制的方法也类似，只是每组 4 位数字，分别对应 8、4、2、1。

例如，0101 1011 1011：

运算为：

0101= 4+1=5

1011=8+2+1=11（由于 10 为 A，所以 11 即 B）

1011=8+2+1=11（由于 10 为 A，所以 11 即 B）

结果为：5BB。

5. 八进制转十进制

八进制是逢 8 进 1。八进制数第 0 位的权值为 8 的 0 次方，第 1 位权值为 8 的 1 次方，第 2 位权值为 8 的 2 次方……所以，设有一个八进制数 1507，转换为十进制为：

$7×8^0+0×8^1+5×8^2+1×8^3=839$

6. 十六进制转十进制

例如，2AF5：

转换为十进制为：$5×16^0+F×16^1+A×16^2+2×16^3=10997$

（需要注意的是，在上面的计算中，A 表示 10，而 F 表示 15）

> **引导问题 3**
>
> 请查阅相关资料，简述多线激光雷达采集的数据包含哪些信息？

多线激光雷达数据解析

RS-LiDAR-16 与计算机之间的通信协议主要分为下列三类。

1）主数据流输出协议（MSOP），将激光雷达扫描出来的距离、角度、反射率等信息封装成包输出给计算机。

2）设备信息输出协议（DIFOP），将激光雷达当前状态的各种配置信息输出给计算机。

3）用户权限写入协议（UCWP），用户可以根据自己需求，重新修改激光雷达的某些配置参数。

查看 IP 信息见表 4-3-1。

表 4-3-1 查看 IP 信息

（协议/包）名称	简写	功能	类型	包大小	发送间隔
Main data Stream Output Protocol	MSOP	扫描数据输出	UDP	1248B	约 1.33ms
Device Information Output Protocol	DIFOP	设备信息输出	UDP	1248B	约 100ms
User Configuration Write Protocol	UCWP	配置设备参数输入	UDP	1248B	INF

以主数据流输出协议（MSOP）为例，MSOP 包完成三维测量相关数据输出，包括激光测距值、回波的反射率值、水平旋转角度值和时间戳。MSOP 包的有效载荷长度为 1248B，其中包括 42B 的同步帧头（Header），1200B 的数据块区间（共 12 个 100B 的 Data block），以及 6B 的帧尾（Tail），如图 4-3-3 所示。

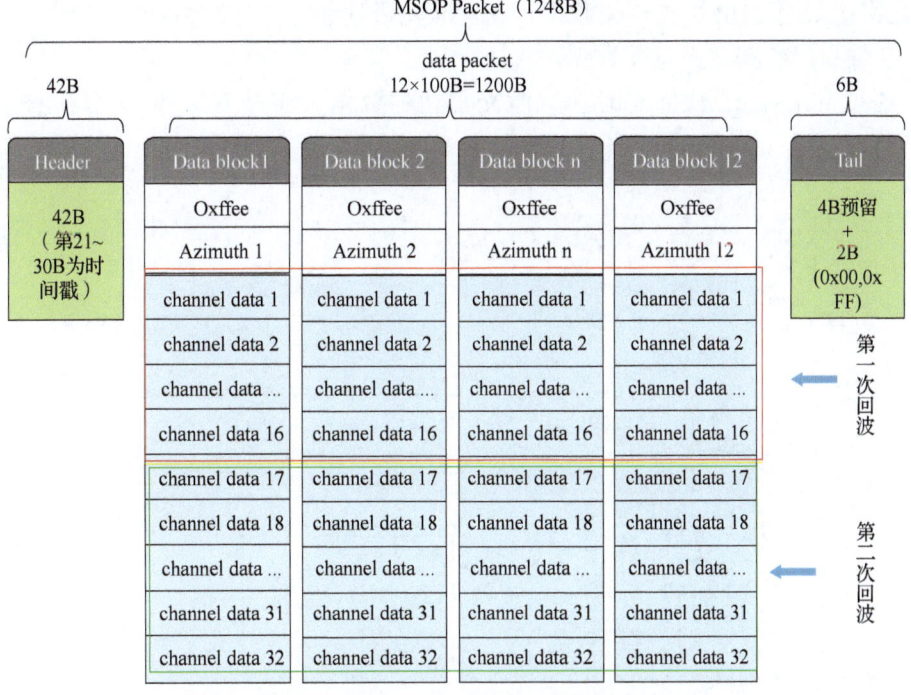

图 4-3-3 双回波 MSOP Packet 数据包定义示意图

帧头（Header）共 42B，用于识别数据的开始位置。在 Header 的 42B 数据中有 8B 用于数据包头的检测，剩下 34B 中第 21~30B 存储时间戳，第 31B 用于表示激光雷达的型号，其余为预留处理，为后续的更新升级使用。Header 的 8B 定义为 0x55，0xAA，0x05，0x0A，0x5A，0xA5，0x50，0xA0，可作为包的检查序列。定义的时间戳用来记录系统的时间，分辨率为 1μs。

数据块区间是 MSOP 包中传感器的测量值部分，共 1200B。它由 12 个 Data block 组成，每个 block 长度为 100B，代表一组完整的测距数据。Data block 中 100B 的空间包括：2B 的标志位，使用 0xffee 表示；2B 的 Azimuth，表示水平旋转角度信息，每个角度信息对应 32 个 channel data，包含 2 组完整的 16 通道信息。

在每个 block 中，RS-LiDAR-16 输出的水平角度值是该 block 中第一个通道激光测距时的角度值。角度值来源于角度编码器，角度编码器的零位即角度的零点，水平旋转角度值的分辨率为 0.01°。事实上每个 Data block 区域有 32 组 channel data，对应两次 16 线测距信息，而每个 Data block 只有一个水平旋转角度值，因此单回波模式下每个 Data block 水平旋转角度值，对应于该 Data block 第一次 16 线测距中的第一通道测量时的水平角度，第二次 16 线测距中的第一通道的水平角度，对应需通过在点云解析过程中进行插值计算得到新的角度。

channel data 为 3B，高两字节用于表示距离信息，低一字节用于表示反射率信息，其中 Distance 是 2B，单位为 cm，分辨率因雷达固件版本的不同，有 1cm 和 0.5cm 之分。Reflectivity 为 1B，反射率信息为相对反射率，反射率信息可以反映实测环境下系统的反射率性能，通过反射率信息可以完成对不材质物体的区分。

帧尾（Tail）长度为 6B，4B 为预留信息，2B 为 0x00，0xFF。

激光雷达采用 UDP 协议传输数据，获取激光雷达数据的方法为：

1）自编写代码获取雷达的数据。

2）通过 Wireshark 软件实时获取激光雷达的数据。通过 Wireshark 软件查看激光雷达返回给计算机的十六进制数据，如图 4-3-4 所示。

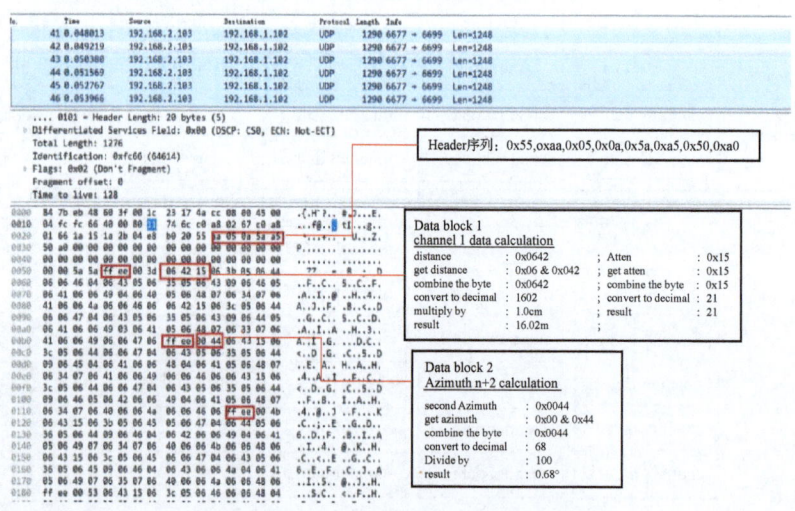

图 4-3-4 激光雷达扫描数据解析

> **引导问题 4**
>
> 请查阅相关资料，简述多线激光雷达可以应用在哪些场景？
> _____
> _____
> _____

多线激光雷达的应用

激光雷达的应用场景较多，主要集中在乘用车（L4 和 L5 级自动驾驶）、港口、封闭式码头、矿区、物流园区、工业车辆、智慧农业（国家重点关注）、机械（自动化）、机器人、测绘等领域。

（一）车辆

上海市有一条路线专门用于自动驾驶，北京、长沙、深圳等陆续都会出现这样的区域用于自动驾驶技术，如图 4-3-5 所示。这会吸引众多主机厂、供应商、零部件厂商。

（二）安防

美国在与墨西哥的边境墙中运用了激光雷达，如图 4-3-6 所示。利用技术建筑了一道虚拟墙，通过激光雷达、无人机、传感器和监控技术构成的边境监控网络，当检测到物体移动时，美国海关与边境保护局就会在这一区域布置无人机和摄像头，以便进行进一步的检查。

图 4-3-5　多线激光雷达在车辆上的应用

图 4-3-6　美国与墨西哥的边境墙中运用了激光雷达

（三）智慧家居

别墅、办公楼入口检测也融入了激光雷达技术。在办公室等场所的自动门系统中，通常使用激光雷达检测行人，当激光雷达检测到门前有人经过时，系统会自动打开门锁，如图 4-3-7 所示。

（四）机器人

激光雷达小型化后，可以运用到机器人、无人机等领域，如图 4-3-8 所示。激光雷达在机器人和无人机中的应用主要是与其他传感器一起在避障系统中作为检测模块，这样可以提高机器人或者无人机的性能。

图 4-3-7 别墅、办公楼入口检测融入了激光雷达技术

图 4-3-8 激光雷达应用于机器人

任务分组

学生任务分配表

班级		组号		指导老师	
组长		学号			
组员角色分配					
信息员		学号			
操作员		学号			
记录员		学号			
安全员		学号			
任务分工					
（就组织讨论、工具准备、数据采集、数据记录、安全监督、成果展示等工作内容进行任务分工）					

工作计划

按照前面所了解的知识内容和小组内部讨论的结果，制定工作方案，落实各项工作负责人，如任务实施前的准备工作、实施中主要操作及协助支持工作、实施过程中相关要点及数据的记录工作等，并将结果填入工作计划表中。

工作计划表

步骤	工作内容	负责人
1		
2		
3		
4		
5		

进行决策

1. 各组派代表阐述资料查询结果。
2. 各组就各自的查询结果进行交流，并分享技巧。
3. 教师结合各组完成的情况进行点评，选出最佳方案。

任务实施

激光雷达的工作原理是通过激光发生器向目标发射激光束，然后根据从目标反射回来的波束与发射波束时间差比较，通过运算，可以得到目标的距离、方位、高度、速度、姿态、形状等参数。扫描右侧二维码，了解16线激光雷达配置与解析，并完成下方任务。

16线激光雷达配置与解析

参考操作视频，按照规范作业要求完成16线激光雷达配置与解析的操作步骤，完成数据采集并记录。

16线激光雷达配置与解析			
序号	步骤	记录	完成情况
1	16线激光雷达计算机端 IP 设置		已完成□ 未完成□
2	RS-LiDAR-1 IP 地址设置		已完成□ 未完成□
3	验证连接		已完成□ 未完成□
4	从 Wireshark 中获取激光雷达数据		已完成□ 未完成□
5	了解激光雷达通信协议		已完成□ 未完成□
6	完成激光雷达教学考核考试		已完成□ 未完成□
总结提升			已完成□ 未完成□

评价反馈

1. 各组代表展示汇报 PPT，介绍任务的完成过程。
2. 请以小组为单位，对各组的操作过程与操作结果进行自评和互评，并将结果填入综合评价表中的小组评价部分。
3. 教师对学生工作过程与工作结果进行评价，并将评价结果填入综合评价表中的教师评价部分。

综合评价表

班级		组别		姓名		学号	
实训任务							
	评价项目		评价标准			分值	得分
小组评价	计划决策		制定的工作方案合理可行，小组成员分工明确			10	
	任务实施		能够正确检查并设置实训工位			10	
			完成 16 线激光雷达的配置与解析			30	
			能够规范填写任务工单			20	
	任务达成		能按照工作方案操作，按计划完成工作任务			10	
	工作态度		认真严谨、积极主动，安全生产，文明施工			10	
	团队合作		小组组员积极配合、主动交流、协调工作			5	
	6S 管理		完成竣工检验、现场恢复			5	
			小计			100	
教师评价	实训纪律		不出现无故迟到、早退、旷课现象，不违反课堂纪律			10	
	方案实施		严格按照工作方案完成任务实施			20	
	团队协作		任务实施过程互相配合，协作度高			20	
	工作质量		能准确完成任务实施的内容			20	
	工作规范		操作规范，三不落地，无意外事故发生			10	
	汇报展示		能准确表达、总结到位、改进措施可行			20	
			小计			100	
综合评分			小组评价分 ×50% + 教师评价分 ×50%				
总结与反思							

（如：学习过程中遇到什么问题→如何解决的 / 解决不了的原因→心得体会）

能力模块五
掌握超声波传感器技术与应用

任务一　认知超声波传感器

学习目标

- 了解超声波传感器的定义。
- 掌握超声波传感器的类型以及超声波雷达的基本特性。
- 了解超声波传感器技术发展现状及未来的发展趋势。
- 具备分辨超声波传感器与其他传感器的作用基本能力。
- 了解超声波传感器在实际场景的应用，立足专业技能，培养职业素养。

知识索引

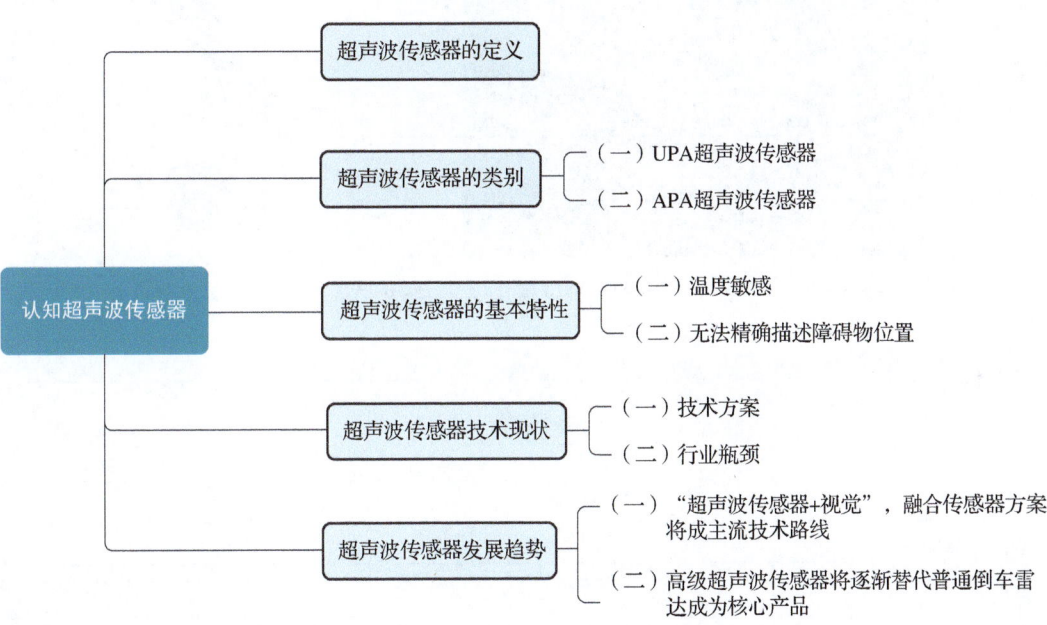

情境导入

某公司打算在自动驾驶测试车辆上安装超声波传感器,你作为一名超声波传感器品质检测工程师接到了此任务,需为公司在市面上挑选高品质的超声波传感器,并提交分析报告。

获取信息

引导问题 1

请查阅相关资料,简述超声波传感器的定义。

_____
_____
_____

超声波传感器的定义

超声波传感器是一种利用超声波测算距离的传感器装置。在车载传感器中,超声波传感器是目前最常见的传感器之一,在短距离测量中,超声波测距传感器具有非常大的优势,多用在倒车雷达上。在倒车入库,慢慢挪动车辆的过程中,在驾驶室内能听到"嘀嘀嘀"的声音,这些声音就是根据超声波传感器检测的距离反馈给驾驶员的信息。

车载超声波传感器一般安装在汽车的保险杠上方,隐藏在保险杠的某个位置,如图 5-1-1 黄色箭头处的圆点所示。超声波传感器实物如图 5-1-2 所示。

图 5-1-1 超声波传感器安装位置

图 5-1-2 超声波传感器实物

引导问题 2

请查阅相关资料,简述超声波传感器的类别。

_____
_____
_____

超声波传感器的类别

常见的超声波传感器有两种：第一种是安装在汽车前后保险杠上，也就是用于测量汽车前后障碍物的倒车雷达，这种雷达业内称为 UPA；第二种是安装在汽车侧面，用于测量侧方障碍物距离的超声波传感器，业内称为 APA。

（一）UPA 超声波传感器

UPA 超声波传感器的探测距离一般在 15~250cm 之间，主要用于测量汽车前后方的障碍物，如图 5-1-3 所示。UPA 超声波传感器感测距离较短，但是频率较高，为 58kHz，因此精度较高。

（二）APA 超声波传感器

APA 超声波传感器也被称为自动泊车辅助（Automatic Parking Assistant，APA）传感器，探测距离一般在 30~500cm 之间，感测距离较长，但是频率较低，为 40kHz，因此精度一般，如图 5-1-4 所示。APA 的探测距离优势让它不仅能够检测左右侧的障碍物，而且还能根据超声波传感器返回的数据判断停车库位是否合适。

图 5-1-3　前后 UPA 超声波传感器

图 5-1-4　左右 APA 超声波传感器

一套倒车雷达系统需要在汽车后保险杠内配备 4 个 UPA 超声波传感器，自动泊车系统需要在倒车雷达系统基础上，增加 4 个 UPA 和 4 个 APA 超声波传感器，构成前 4（UPA）、侧 4（APA）、后 4（UPA）的布置格局。

> 引导问题 3
>
> 请查阅相关资料，简述超声波传感器在运行时有哪些局限性。
> _____
> _____

超声波传感器的基本特性

在实际使用中，超声波能量消耗较为缓慢，防水、防尘，即使有少量的泥沙遮挡也不影响探测，在介质中的传播距离较远，穿透性强，测距方法简单，成本低且不受光线的影响，拥有众多优点。在短距离测量中，超声波传感器测距有着非常大的优势。

超声波是一种机械波，使得超声波传感器测距具有以下局限性。

（一）温度敏感

超声波传感器的测距原理和之前介绍的激光雷达、毫米波雷达类似，测得的距离＝传播速度×传播时间／2。不同的是，激光雷达和毫米波雷达的辐射速度都为光速，而超声波传感器的声波速度却跟温度有关。近似关系如下：$C=C_0+0.607T$，其中 C 为声波速度（单位：m/s），C_0 为0℃时的声波速度（332m/s），T 为温度（单位：℃）。

例如，温度在0℃时，超声波的传播速度为332m/s；温度在30℃时，超声波的传播速度为350m/s。相同位置的障碍物，在不同温度的情况下，测量的距离不同。这对传感器精度要求极高的自动驾驶系统来说，或者将超声波传感器的测距进行保守计算，或者将温度信息引入自动驾驶系统，以提升测量精度。

（二）无法精确描述障碍物位置

如图5-1-5所示，处于A处和处于B处的障碍物都会返回相同的探测距离 d，所以在仅知道探测距离 d 的情况下，通过单个雷达的信息无法确定障碍物是在A处还是在B处。

综上分析，超声波传感器在智能网联汽车上主要用于低速、短程的距离测量，比如泊车、倒车和车辆起动时。

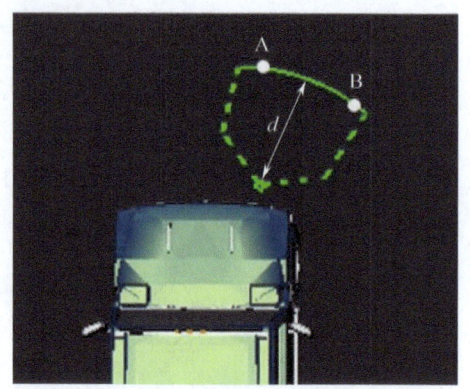

图5-1-5 超声波传感器无法精确描述障碍物位置

> **引导问题 4**
>
> 请查阅相关资料，简述超声波传感器常见的配置方案。
>
> _____
>
> _____

超声波传感器技术现状

（一）技术方案

当前主机厂推出的自动泊车APA方案基本采用12颗超声波传感器，如图5-1-6所示。其中宝马、别克等厂家以纯超声波传感器方案为主，部分主机厂则开始采用超声波＋环视摄像头融合的方案以提高车辆自动泊车系统的泊入／泊出成功率，主要集中在自主品牌如蔚来、小鹏、长安、吉利等。

超声波传感器还应用于高速横向辅助，特斯拉Model S车型就是一个很好的例子。特斯拉Model S在行驶过程中，如果左后方有车辆渐渐驶近，在离本车距离较近时，Model S在确保右侧有足够空间的情况下，会自主向右微调，降低与左侧车辆碰撞风险。但在2022年10月，特斯拉官方发表声明，取消了超声波传感器，采用纯视觉方案。

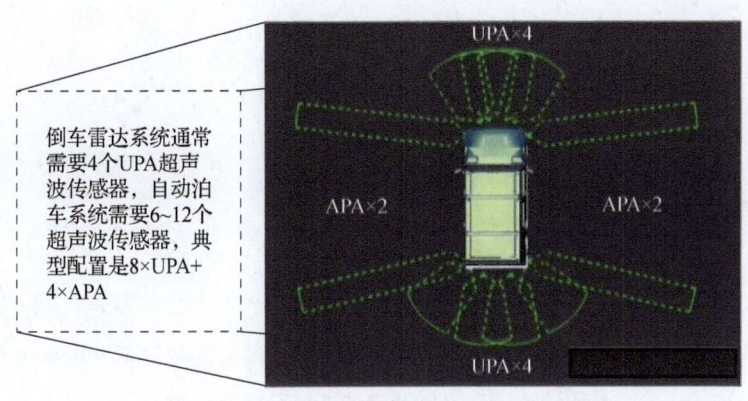

图 5-1-6　车载超声波传感器搭载方案

（二）行业瓶颈

超声波传感器的主要生产商国外有博世、法雷奥、村田、三菱、松下，国内有同致电子、深圳航盛电子、深圳豪恩、辉创、上富、奥迪威等。传统的超声波传感器多用于倒车雷达，这部分市场基本被博世、法雷奥占据，国内厂商很多，但能进前装市场的寥寥无几。超声波传感器在技术原理上本身没有太大的难度，国内外厂商之间的差距，主要在于传感器的稳定性和可靠性。在这方面，国产厂商还有很长的路要走。

> **引导问题 5**
>
> 请查阅相关资料，聊一聊为什么在大多数车企都在追求多传感器融合的时候，特斯拉取消了超声波传感器。
>
> _____
>
> _____

超声波传感器发展趋势

（一）"超声波传感器 + 视觉"，融合传感器方案将成主流技术路线

从需求、智能化应用、技术发展路线、整车配置、成本等多方面考虑，"超声波传感器为基础 + 环视系统为辅助"将成为智能网联汽车行业未来发展的主流技术路线，同时"超声波传感器 + 视觉"解决方案能以更高的性价比达到更高的安全要求，并为驾驶员带来良好的驾驶体验，如图 5-1-7 所示。

（二）高级超声波传感器将逐渐替代普通倒车雷达成为核心产品

未来，国内超声波传感器市场竞争格局将会出现两极分化的形态。

1）对于传统的仅对障碍物距离做预判的普通倒车雷达产品，这类产品的特征是技术门槛较低，产品附加值不高。它的主要利润来自大规模的量产数量和有效降低硬件及生产成本，在未来的几年内市场占有率会受到挤压。

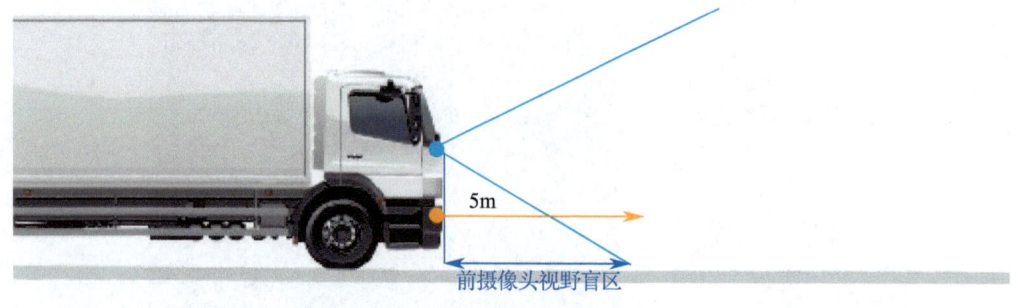

——前视摄像头垂直视野范围　●前视摄像头　●超声波传感器　→前向超声波传感器最远测距为5m

图 5-1-7　车载超声波传感器搭载方案

2）根据焉知汽车研究的数据，支持紧急制动、错误加速、防撞等高级功能的超声波传感器产品，由于具备与视觉系统融合的基础条件，能实现 L2 级自动驾驶和智能泊车，随着该市场需求的增长，以及新车型的更新换代，具备高级功能的超声波传感器，市场占有率将会爆发性增长。

任务分组

学生任务分配表

班级		组号		指导老师	
组长		学号			
组员角色分配					
信息员		学号			
操作员		学号			
记录员		学号			
安全员		学号			
任务分工					

（就组织讨论、工具准备、数据采集、数据记录、安全监督、成果展示等工作内容进行任务分工）

工作计划

按照前面所了解的知识内容和小组内部讨论的结果，制定工作方案，落实各项工作负责人，如任务实施前的准备工作、实施中主要操作及协助支持工作、实施过程中相关要点及数据的记录工作等，并将结果填入工作计划表中。

工作计划表

步骤	工作内容	负责人
1		
2		
3		
4		
5		

进行决策

1. 各组派代表阐述资料查询结果。
2. 各组就各自的查询结果进行交流，并分享技巧。
3. 教师结合各组完成的情况进行点评，选出最佳方案。

任务实施

超声波传感器认知	
记录	完成情况
1. 请查阅相关资料，简述超声波传感器在生活中的应用场景，举例说明（一两个）。 2. 请查阅相关资料，以实车举例，列出车辆上布局的超声波传感器数量及位置。 	已完成□ 未完成□

评价反馈

1. 各组代表展示汇报 PPT，介绍任务的完成过程。
2. 请以小组为单位，对各组的操作过程与操作结果进行自评和互评，并将结果填入综合评价表中的小组评价部分。
3. 教师对学生工作过程与工作结果进行评价，并将评价结果填入综合评价表中的教师评价部分。

综合评价表

班级		组别		姓名		学号	
实训任务							
评价项目		评价标准			分值		得分
小组评价	计划决策	制定的工作方案合理可行,小组成员分工明确			10		
	任务实施	能够正确检查并设置实训工位			10		
		请查阅相关资料,简述超声波传感器在生活中的应用场景,举例说明			15		
		请查阅相关资料,以实车举例,列出车辆上布局的超声波传感器数量及位置			15		
		能够规范填写任务工单			20		
	任务达成	能按照工作方案操作,按计划完成工作任务			10		
	工作态度	认真严谨、积极主动,安全生产,文明施工			10		
	团队合作	小组组员积极配合、主动交流、协调工作			5		
	6S管理	完成竣工检验、现场恢复			5		
		小计			100		
教师评价	实训纪律	不出现无故迟到、早退、旷课现象,不违反课堂纪律			10		
	方案实施	严格按照工作方案完成任务实施			20		
	团队协作	任务实施过程互相配合,协作度高			20		
	工作质量	能准确完成任务实施的内容			20		
	工作规范	操作规范,三不落地,无意外事故发生			10		
	汇报展示	能准确表达、总结到位、改进措施可行			20		
		小计			100		
综合评分		小组评价分 ×50% + 教师评价分 ×50%					
总结与反思							

(如:学习过程中遇到什么问题→如何解决的/解决不了的原因→心得体会)

任务二　实现超声波传感器的应用

学习目标

- 了解超声波传感器的工作原理。
- 了解超声波传感器的组成。
- 掌握超声波传感器测距的方法与能力。
- 了解超声波传感器的应用场景。
- 具备实现超声波传感器测距以及可视化的能力。
- 在实训的过程中理解各代码的含义,尝试开发不同的超声波传感器的功能。

知识索引

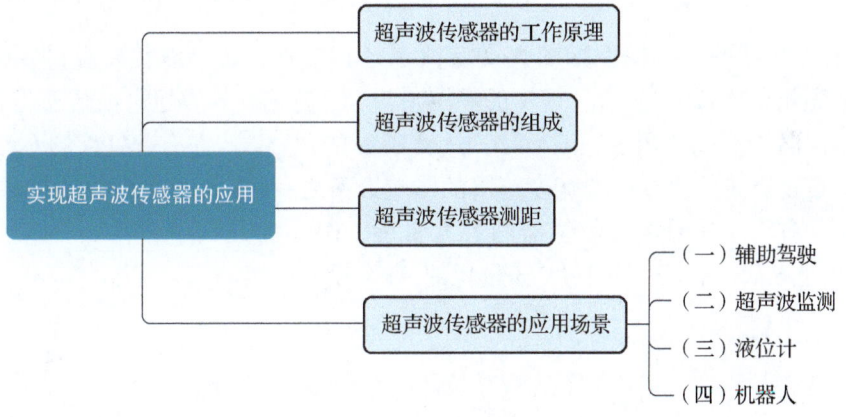

情境导入

某公司的测试车正在自动驾驶试运行的道路上运行,在进行自动泊车辅助(APA)测试时,因传感器测距不准,导致刮蹭,主管要求你对超声波传感器重新标定测试。作为 APA 功能测试工程师,你知道如何进行超声波传感器标定吗?

获取信息

引导问题 1

请查阅相关资料，简述超声波传感器的工作原理。

_____

_____

超声波传感器的工作原理

超声波雷达的工作原理

超声波传感器通过发射并接收 40kHz 的超声波，根据发射和接收的时间差算出障碍物距离，它的测距精度是 1~3cm。

采用超声波传感器测距时，超声波发射器先向外界某一个方向发射出超声波信号，在发射超声波的同时开始计时，超声波通过空气进行传播，传播途中遇到障碍物就会立刻反射回来，超声波接收器在接收到反射波时立即停止计时。计时器通过记录时间就可以测算出从发射点到障碍物之间的距离。在空气中超声波的传播速度一般为 340m/s，计时器通过记录时间 t，就可以测算出从发射点到障碍物之间的距离 s，即 $s=340t/2$。倒车雷达工作原理如图 5-2-1 所示。

超声波传感器的数学模型如图 5-2-2 所示，其中 α 为超声波传感器的探测角，一般 UPA 的探测角为 120°左右，APA 的探测角为 80°左右。β 为超声波传感器检测宽度范围的影响因素之一，该角度一般较小，一般 UPA 的 β 为 20°左右，APA 的 β 较为特殊，为 0°。R 也是超声波传感器检测宽度范围的影响因素之一，UPA 和 APA 的 R 值差别不大，都在 0.6m 左右。D 是超声波传感器的最大量程，UPA 的最大量程为 2.5m，APA 的最大量程至少是 5m，目前已有超过 7m 量程的 APA 投入应用。

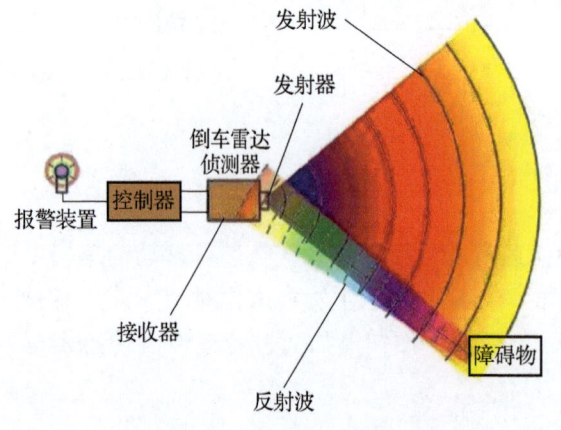

图 5-2-1 倒车雷达工作原理

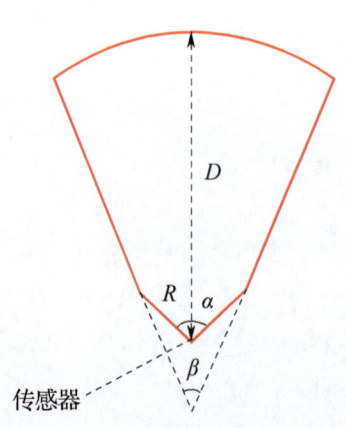

图 5-2-2 超声波传感器数学模型

引导问题 2

请查阅相关资料，简述超声波传感器的结构。
_____
_____
_____

超声波传感器的组成

超声波传感器内部有一个发射头和一个接收头。在有效的检测距离内，发射头发射特定频率的超声波，遇到检测面反射部分超声波；接收头接收返回的超声波，由芯片记录声波的往返时间，并计算出距离值。超声波传感器可以通过模拟接口和 IIC 接口两种方式将数据传输给控制单元。一种小型超声波传感器如图 5-2-3 所示。

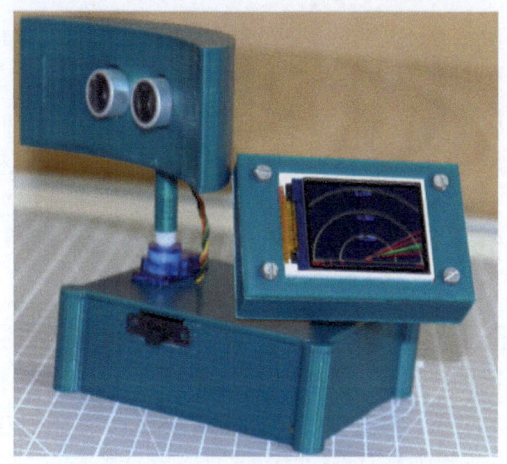

图 5-2-3 　一种小型超声波传感器

 引导问题 3

请查阅相关资料，简述超声波传感器产生误差受哪些因素的影响。
_____
_____
_____

超声波传感器测距

超声波测距的原理是利用超声波在空气中的传播速度为已知因素，测量声波在发射后遇到障碍物反射回来的时间，根据发射和接收的时间差计算出发射点到障碍物的实际距离，如图 5-2-4 所示。测距的公式表示为

$$L=CT$$

式中，L 为测量的距离；C 为超声波在空气中的传播速度；T 为测量距离传播的时间差（T 为发射到接收时间的一半）。

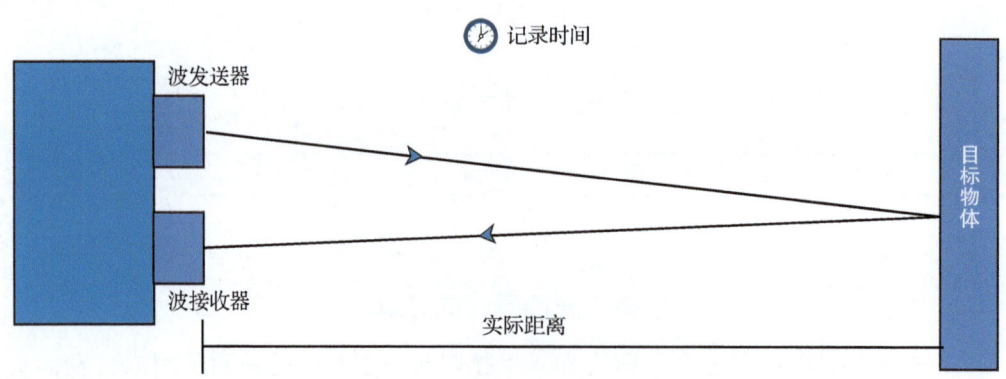

图 5-2-4　超声波传感器测距示意图

在精密的测量中需要达到毫米级的测量精度,但是目前国内的超声波测距专用集成电路都只有厘米级的测量精度。

根据超声波测距公式 $L=CT$,可知测距误差是由超声波的传播速度误差和传播时间误差引起的。

当要求测距误差小于 1mm 时,假设已知超声波速度 C=344m/s(20℃室温),忽略声速的传播误差,测距误差 $\Delta t<(0.001/344)\approx 0.000002907s$,即 2.907μs。在超声波的传播速度是准确的前提下,测量距离的传播时间差值精度只要达到微秒级,就能保证测距误差小于 1mm。使用 12MHz 振动晶体作为时钟基准的 89C51 单片机定时器,能方便地达到 1μs 的精度,因此采用 89C51 定时器能保证测距误差在 1mm 范围内。

超声波的传播速度受空气的密度影响,而空气的密度又与温度有着密切的关系。超声波测距精度要求达到 1mm 时,就必须把超声波传播的环境温度考虑进去。例如,当温度为 0℃时超声波速度是 332m/s,30℃时是 350m/s,温度变化引起的超声波速度变化为 18m/s。若超声波在 30℃的环境下以 0℃的声速测量 100m 距离所引起的测量误差将达到 5m,测量 1m 误差将达到 5cm。

> **引导问题 4**
>
> 请查阅相关资料,简述超声波传感器应用场景有哪些?
>
> _____
> _____
> _____

超声波传感器的应用场景

由于超声波具有易于定向发射、成本低、强度易控制、与被测量物体不需要直接接触,以及抗干扰能力强等优点,使得超声波传感器被广泛应用于生活中的各个领域。

(一)辅助驾驶

在智能网联汽车的应用中,超声波传感器一般应用于汽车的辅助驾驶和泊车等场景,比如在车辆泊车辅助系统中的应用,如图 5-2-5 所示。

（二）超声波监测

超声波传感器可用于自然灾害监测，运用超声波传感器高灵敏度及抗干扰能力强的特点，对某些自然灾害频发的区域进行监测，可及时采集由自然灾害（如泥石流、地震）引起的地形数据，根据数据变化采取相应措施，如图5-2-6所示。

图5-2-5 超声波传感器泊车辅助

图5-2-6 四川某景区监测泥石流

（三）液位计

超声波在不同介质中传播速度不同，传播速度一般随物质的密度增大而增大，随物质的密度减小而减小，传播速度越大说明介质密度越大，所以超声波传感器可用于储液罐中液体高度监测，在密封的储液罐中安装带有超声波传感器的液位计可以准确测量罐液体高度，如图5-2-7所示。

（四）机器人

超声波传感器还可以应用到机器人的避障系统中，由于超声波传感器的成本非常低，对工作环境要求简单，并且可以识别玻璃、镜面等透明物体，在机器人的避障系统中它与激光雷达配合使用，可大幅度提升机器人性能，如图5-2-8所示。

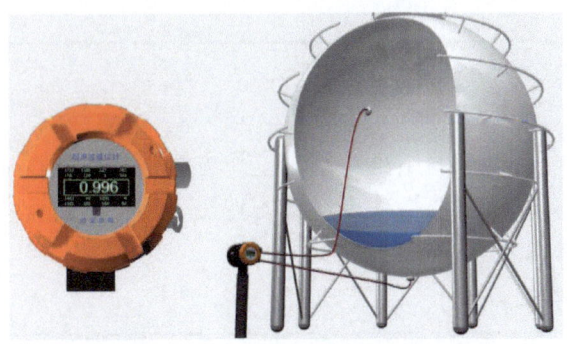

图5-2-7 超声波检测罐内液体高度

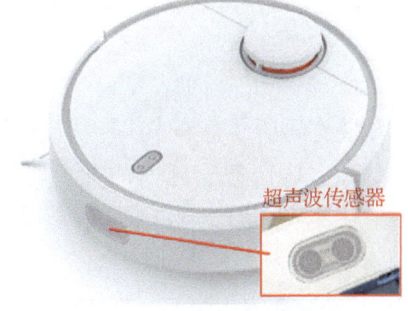

图5-2-8 超声波传感器应用于机器人

任务分组

学生任务分配表

班级		组号		指导老师	
组长		学号			
组员角色分配					
信息员		学号			
操作员		学号			
记录员		学号			
安全员		学号			
任务分工					
（就组织讨论、工具准备、数据采集、数据记录、安全监督、成果展示等工作内容进行任务分工）					

工作计划

按照前面所了解的知识内容和小组内部讨论的结果，制定工作方案，落实各项工作负责人，如任务实施前的准备工作、实施中主要操作及协助支持工作、实施过程中相关要点及数据的记录工作等，并将结果填入工作计划表中。

工作计划表

步骤	工作内容	负责人
1		
2		
3		
4		
5		

进行决策

1. 各组派代表阐述资料查询结果。
2. 各组就各自的查询结果进行交流，并分享技巧。
3. 教师结合各组完成的情况进行点评，选出最佳方案。

任务实施

便利店"欢迎光临"的自动门，"倒车请注意，倒车请注意……"的汽车倒车系统都是超声波通过测算传感器与物体的距离实现各项功能的。接下来我们一起学习如何利用 Arduino 实现超声波旋转扫描。扫描右侧二维码，并完成下方任务。

Arduino 实现超声波雷达旋转扫描

参考操作视频，按照规范作业要求完成 Arduino 实现超声波旋转扫描的操作步骤，完成数据采集并记录。

序号	步骤	记录	完成情况
	Arduino 实现超声波旋转扫描		
1	Arduino 软件安装导入 SR04 库		已完成□ 未完成□
2	控制舵机角度		已完成□ 未完成□
3	控制舵机旋转		已完成□ 未完成□
4	实现超声波测距		已完成□ 未完成□
5	实现超声波旋转测距		已完成□ 未完成□
总结提升			已完成□ 未完成□

评价反馈

1. 各组代表展示汇报 PPT，介绍任务的完成过程。
2. 请以小组为单位，对各组的操作过程与操作结果进行自评和互评，并将结果填入综合评价表中的小组评价部分。
3. 教师对学生工作过程与工作结果进行评价，并将评价结果填入综合评价表中的教师评价部分。

综合评价表

班级			组别		姓名		学号	
实训任务								
评价项目			评价标准				分值	得分
小组评价	计划决策		制定的工作方案合理可行,小组成员分工明确				10	
	任务实施		能够正确检查并设置实训工位				10	
			Arduino 实现超声波旋转扫描				30	
			能够规范填写任务工单				20	
	任务达成		能按照工作方案操作,按计划完成工作任务				10	
	工作态度		认真严谨、积极主动,安全生产,文明施工				10	
	团队合作		小组组员积极配合、主动交流、协调工作				5	
	6S 管理		完成竣工检验、现场恢复				5	
			小计				100	
教师评价	实训纪律		不出现无故迟到、早退、旷课现象,不违反课堂纪律				10	
	方案实施		严格按照工作方案完成任务实施				20	
	团队协作		任务实施过程互相配合,协作度高				20	
	工作质量		能准确完成任务实施的内容				20	
	工作规范		操作规范,三不落地,无意外事故发生				10	
	汇报展示		能准确表达、总结到位、改进措施可行				20	
			小计				100	
综合评分			小组评价分 ×50% + 教师评价分 ×50%					
总结与反思								

(如:学习过程中遇到什么问题→如何解决的/解决不了的原因→心得体会)

能力模块六 掌握 GPS 定位技术与应用

任务一 认知 GPS 定位技术

 **学习目标**

- 理解 GPS 的定义和历史发展。
- 了解 GPS 的组成。
- 掌握车载 GPS 定位原理。
- 了解 GPS 车载定位的应用。
- 了解常见的 GNSS，以小组形式查阅相关资料，增强信息检索的能力。

知识索引

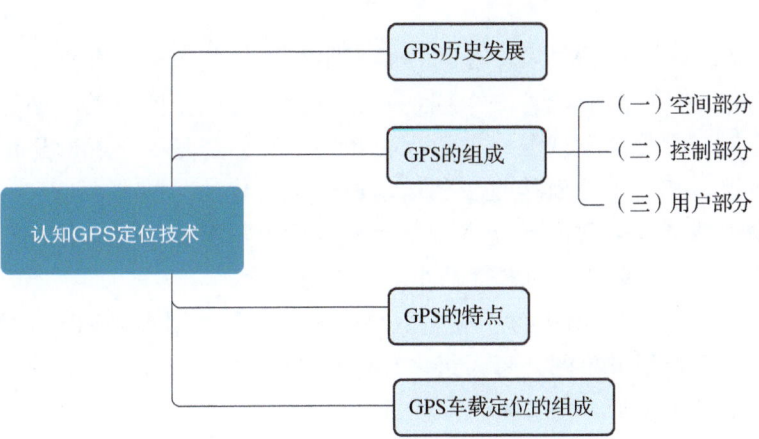

情境导入

全球导航卫星系统（GNSS）目前已基本取代了地基无线电导航、传统大地测量和天文测量导航定位技术，并推动了大地测量与导航定位领域的全新发展。请你围绕 GNSS 定位技术展开小组讨论，同时了解 GNSS 的产品定位、五星十六频以及 GPS 和北斗等其他定位系统的区别。

获取信息

> **引导问题 1**
> 请查阅相关资料，简述 GPS 的历史发展。
> _____
> _____
> _____

GPS 历史发展

全球定位系统（Global Positioning System，GPS）是美国从 20 世纪 70 年代开始研制，历时 20 年，耗资 200 亿美元，于 1994 年全面建成，具备在海、陆、空进行全方位实时三维导航与定位能力的新一代卫星导航与定位系统。

尽管现在 GPS 几乎已经成为全球卫星导航系统的代名词，但是说到卫星导航的发展，还必须提到苏联的第一颗人造地球卫星。1957 年 10 月 4 日，苏联发射了全世界第一颗人造地球卫星（斯普特尼克 1 号），开创了人类的空间世纪，地球进入了航天时代。

第一颗人造地球卫星发射后，在与苏联相距甚远的美国霍普金斯大学应用物理实验室里，有两位年轻的科学家，一个叫比尔·盖伊，另一个叫乔治·威芬巴赫，通过研究苏联人造地球卫星，发现卫星轨道存在频率偏移，这是由于相对运动引起的多普勒频移效应。卫星相对于地面接收机的运动速度是变化的，两者靠近和远离时，会出现由于频率增加或减少导致的运动多普勒频率变量由正至负变化。经此启发，该实验室的科技人员提出了卫星导航的多普勒测量方法与概念。

后来的"子午仪"（TRINSIT）导航卫星系统，就是根据多普勒定位原理实现的。该系统由 5~6 颗卫星组成星网，每天最多绕过地球 13 次，且无法给出高度信息，在定位精度方面也不尽如人意。上述两颗卫星如图 6-1-1 所示。

20 世纪 70 年代，美国研制了新一代全球定位系统（GPS）。GPS 的主要目的是为陆、海、空三军提供实时、全天候和全球性的导航服务，并用于情报搜集、核爆炸监测和应急通信等一些军事目的。GPS 已经经历了第一代和第二代。与早期的子午仪导航卫星系统相比，第二代 GPS 的卫星轨道更高，卫星数量更多，工作频率更高，而且定位

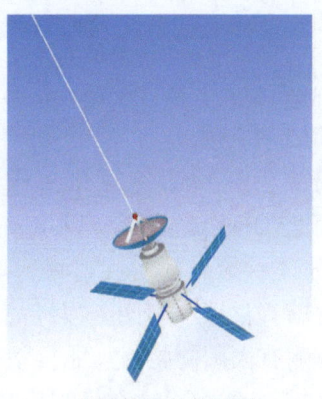

苏联第一颗人造地球卫星图　　　　美国的子午仪卫星

图 6-1-1　苏联卫星与美国的子午仪卫星

原理为基于到达时间估计的三球交会原理,而不是基于多普勒定位原理,并且实现了实时动态定位。实际上,目前现有的四大卫星导航系统,均属于第二代卫星导航系统,而第三代卫星导航系统可能会实现卫星导航与卫星通信的融合。目前,GPS 是全球范围内应用范围最广的导航定位系统。

目前,全球提供导航、定位和授时系统服务的共有六个国家。其中,美国、俄罗斯已经提供了全球服务;中国、欧盟在提供区域服务的基础上,基本星座已经部署完成,正逐步开展全球服务;日本和印度只提供本国及周边区域的服务。

引导问题 2

我们都知道卫星是跟随地球进行自转的,那么 GPS 是如何与地面进行数据交互的呢?
_____
_____
_____

GPS 的组成

全球定位系统由空间部分(GPS 卫星)、控制部分和用户部分组成。

空间部分可连续向用户收发导航定位的测距信号和电文、接收来自地面监控系统的信息以维持系统的正常运转。

控制部分地面监控系统的主要功能是跟踪 GPS 卫星,对其进行距离测量,确定卫星的运行轨道及卫星时钟改正数,进行预报后,再按规定格式编制成导航电文,并通过注入站送往卫星。地面监控系统还能通过注入站向卫星发布各种指令,调整卫星的轨道及时钟读数,修复故障或启用备用件等。

用户则用 GPS 接收机来测定从接收机至 GPS 卫星的距离,并根据卫星星历给出的观测瞬间卫星在空间的位置等信息,求出自己的三维位置、三维运动速度和钟差等参数。

目前,美国正致力于进一步改善整个系统的功能,如通过卫星间的相互跟踪来确定卫星轨道,以减少对地面监控系统的依赖程度,增强系统的自主性。

(一)空间部分

组成:24 颗工作卫星

GPS 的空间部分由 24 颗(21 颗工作卫星 +3 颗备用卫星)工作卫星组成,均匀分布在 6 个轨道面上(每个轨道面 4 颗),运行周期为 12h,可保证地球上任一时刻、高度角 15°以上的任一地点都能够观测到 4 颗以上的卫星,并能保持良好定位解算精度的几何图像,这就提供了在时间上连续的全球导航能力。

GPS 卫星两侧有太阳能帆板,能自动对日定向。太阳能电池为卫星提供工作用电。每颗卫星都配备有多台原子钟,可为卫星提供高精度的时间标准。卫星上带有燃料和喷管,可在地面控制系统的控制下调整自己的运行轨道。

作用:接收并存储来自地面控制系统的导航电文;在原子钟的控制下自动生成测距码和载波,并将测距码和导航电文调制在载波上播发给用户;按照地面控制系统的命令调整轨道,调整卫星钟,修复故障或启用备用件以保证整个系统的正常工作。

不同型号的卫星的外形也各不相同,如图 6-1-2 所示。

图 6-1-2 GPS 卫星

(二)控制部分

组成:1 个主控站 +5 个全球监测站 +3 个地面控制站(图 6-1-3)

作用:监测和控制卫星运行

监测站设有 GPS 用户接收机、原子钟、收集当地气象数据的传感器,以及进行数据初步处理的计算机。监测站的主要任务是取得卫星观测数据,并将这些数据传送至主控站。注入站的作用是将主控站计算出的卫星星历和卫星时钟的改正数等注入卫星。这种注入,每颗 GPS 卫星每天进行一次,并在卫星离开注入站作用范围之前进行最后的注入。

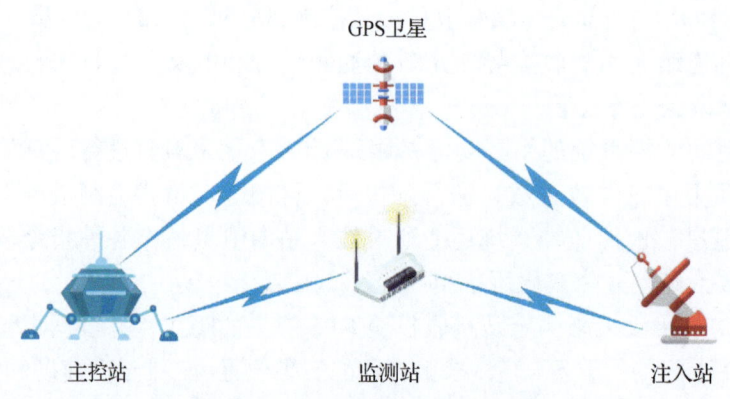

图 6-1-3 地面监控系统的运作

（三）用户部分

组成：GPS 用户设备

GPS 用户设备主要由接收机硬件、GPS 芯片、机内软件以及 GPS 数据的后处理软件包等组成，包括车载/船载 GPS 导航仪、GPS 测绘设备、内置 GPS 功能的手机等移动设备，也被称为 GPS 接收机，如图 6-1-4 所示。

图 6-1-4　常见 GPS 用户设备

GPS 接收机的结构分为天线单元和接收单元两部分。接收机一般采用机内和机外两种直流电源，设置机内电源的目的在于更换外电源时不中断连续观测。在用机外电源时，机内电池自动充电。关机后，机内电池为 RAM 供电，以防止数据丢失。目前各种类型的接收机体积越来越小，重量越来越轻，便于野外使用。

作用：跟踪和接收卫星信号

GPS 接收机的主要功能是能够捕获到按一定卫星截止高度角所选择的待测卫星，并跟踪这些卫星的运行。当接收机捕获到跟踪的卫星信号后，即可测量出接收天线至卫星的伪距离和距离的变化率，解调出卫星轨道参数等数据。根据这些数据，接收机中的微处理器就可按定位解算方法进行定位计算，计算出用户所在地理位置的经纬度、高度、速度、时间等信息。

> **引导问题 3**
>
> 在旅游途中，难免会遇到陌生的环境，这时候手机 GPS 的作用就体现出来了，请问 GPS 有什么特点？
> _____
> _____
> _____

GPS 的特点

GPS 是目前最为成功的卫星定位系统，被誉为人类定位技术的一个里程碑。归纳起来，系统具有表 6-1-1 所示特点。

表 6-1-1　GPS 特点详解

特点	简介
全球、全天候连续不断的导航定位能力	GPS 能为全球任何地点或近地空间的各类用户提供连续的、全天候的导航定位能力，用户不用发射信号，因而能满足多用户使用
实时导航，定位精度高，观测时间短	随着 GPS 的不断完善和软件的不断更新，利用 GPS 定位时，在 1s 内可以取得几次位置数据，这种近乎实时的导航能力对于高动态用户具有很大的意义，同时能为用户提供连续的三维位置、三维速度和精确的时间信息
测站无须通视	GPS 测量只要求测站上空开阔，不要求测站之间互相通视，因此可节省大量的造标费用。由于无需点间通视，点位位置根据需要可疏可密，这样就使得选点工作变得非常灵活，也可省去经典测量中的传算点、过渡点的测量工作

（续）

特点	简介
可提供全球统一的三维地心坐标	GPS 可同时精确测定测站平面位置和大地高程。目前 GPS 水准可满足四等水准测量的精度，另外，GPS 定位是在全球统一的 WGS-84 坐标系统中计算的，因此全球不同地点的测量成果是相互关联的
仪器操作简便	随着 GPS 接收机的不断改进，GPS 测量的自动化程度越来越高。在观测中测量员只需安置仪器，连接电缆线，量取天线高，监视仪器的工作状态，而其他观测工作，如卫星的捕获、跟踪观测和记录等均由仪器自动完成。结束测量时，仅需关闭电源，收好接收机，便完成了野外数据采集任务
抗干扰能力强、保密性好	GPS 采用扩频技术和伪码技术，用户只需接收 GPS 信号，自身不发射信号，因而不会受到外界其他信号源的干扰
功能多、应用广泛	GPS 是军、民两用系统，其应用范围十分广泛。具体的应用实例包括汽车导航和交通管理、巡线车辆管理、道路工程、个人定位以及导航仪等

 引导问题 4

请查阅相关资料，简述车载定位的组成，并阐述车载定位的应用场景。

_____
_____
_____

GPS 车载定位的组成

GPS 车载定位主要由两部分组成：GPS 监控中心（软件系统）、GPS 车载终端（硬件部分）。

GPS 监控中心：24h 实时在线定位，只需一台计算机就可监控安装了 GPS 终端的车辆。

GPS 车载终端：GPS/GPRS 车载终端（尺寸小巧，安装于车身内部）。

GPS 车载定位如图 6-1-5 所示。

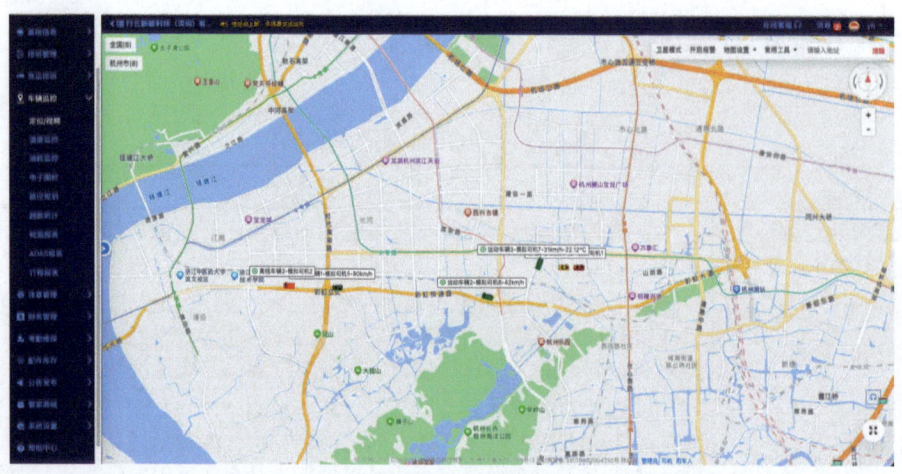

图 6-1-5　GPS 车载定位

拓展阅读

天河漫漫 北斗璀璨——北斗导航卫星背后的研发故事

"北斗的研制,是中国人自己干出来的。'巨人'对我们技术封锁,不让我们站在肩膀上。唯一的办法,就是自己成为巨人。"北斗一号卫星总指挥李祖洪说。

作为国之重器,自主创新是北斗工程的必由之路。秉承"探索一代,研发一代,建设一代"的创新思路,中国北斗始终把发展的主动权牢牢掌握在自己手中。

北斗一号原创性地提出双星定位的卫星实现方法,打破了国外技术垄断,建立起国际上首个基于双星定位原理的区域有源卫星定位系统——北斗导航卫星试验系统。

北斗二号突破了区域混合导航星座构建、高精度时空基准建立的关键技术,实现星载原子钟国产化,在国际上首次实现混合星座区域卫星导航系统。区域系统建成后,各项技术指标均与 GPS 等国际先进水平相当。

北斗人至今还记得研制首颗北斗二号卫星那段"激情燃烧的岁月"。根据国际电联的规则,频率资源是有时限的,过期作废。时间不等人!在争分夺秒完成前期所有研制任务后,为节省时间,所有参试人员进驻发射场后大干了3天体力活,搬设备、扛机柜、布电缆,接下来又是 200h 不间断地加电测试……这一次,院士、型号老总和技术人员一起排班,很多人因为水土不服而拉肚子、发烧,但大家都带病坚持在岗位上,经受住了次次险情和种种考验。2007 年 4 月 16 日,在成功发射的两天后,北京从飞行试验星获得清晰信号,此时距离空间频率失效仅剩下不到 4h——正是这次壮举,有效地保护了我国卫星导航系统的频率资源,拉开了北斗区域导航系统建设的序幕。

在北斗三号全球组网建设中,五院率先提出国际上首个高中轨道星间链路混合型新体制,形成了具有自主知识产权的星间链路网络协议、自主定轨、时间同步等系统方案;研发出国内首个适于直接入轨一箭多星发射的"全桁架式卫星平台",实现了卫星自主监测和自主健康管理;成功应用星载大功率微波开关、行波管放大器等关键国产化元器件和部组件,打破核心器部件长期依赖进口、受制于人的局面,为全球快速组网建设铺平道路。

任务分组

学生任务分配表

班级		组号		指导老师	
组长		学号			
组员角色分配					
信息员		学号			
操作员		学号			
记录员		学号			
安全员		学号			
任务分工					

（就组织讨论、工具准备、数据采集、数据记录、安全监督、成果展示等工作内容进行任务分工）

工作计划

按照前面所了解的知识内容和小组内部讨论的结果，制定工作方案，落实各项工作负责人，如任务实施前的准备工作、实施中主要操作及协助支持工作、实施过程中相关要点及数据的记录工作等，并将结果填入工作计划表中。

工作计划表

步骤	工作内容	负责人
1		
2		
3		
4		
5		

进行决策

1. 各组派代表阐述资料查询结果。
2. 各组就各自的查询结果进行交流，并分享技巧。
3. 教师结合各组完成的情况进行点评，选出最佳方案。

任务实施

GPS 定位认知	
记录	完成情况
1. 回顾情境导入，请问 GPS 定位主要组成部分有哪些。 2. 请查阅相关资料，并结合生活场景，请问 GPS 定位主要的应用场景有哪些？ 	已完成□ 未完成□

评价反馈

1. 各组代表展示汇报 PPT，介绍任务的完成过程。

2. 请以小组为单位，对各组的操作过程与操作结果进行自评和互评，并将结果填入综合评价表中的小组评价部分。

3. 教师对学生工作过程与工作结果进行评价，并将评价结果填入综合评价表中的教师评价部分。

综合评价表

班级		组别		姓名		学号	
实训任务							
评价项目		评价标准			分值	得分	
小组评价	计划决策	制定的工作方案合理可行，小组成员分工明确			10		
		能够正确检查并设置实训工位			10		
	任务实施	回顾情境导入，请问 GPS 定位主要组成部件有哪些			15		
		请查阅相关资料，并结合生活场景，请问 GPS 定位主要的应用场景有哪些			15		
		能够规范填写任务工单			20		
	任务达成	能按照工作方案操作，按计划完成工作任务			10		
	工作态度	认真严谨、积极主动，安全生产，文明施工			10		
	团队合作	小组组员积极配合、主动交流、协调工作			5		
	6S 管理	完成竣工检验、现场恢复			5		
		小计			100		

（续）

评价项目		评价标准	分值	得分
教师评价	实训纪律	不出现无故迟到、早退、旷课现象，不违反课堂纪律	10	
	方案实施	严格按照工作方案完成任务实施	20	
	团队协作	任务实施过程互相配合，协作度高	20	
	工作质量	能准确完成任务实施的内容	20	
	工作规范	操作规范，三不落地，无意外事故发生	10	
	汇报展示	能准确表达、总结到位、改进措施可行	20	
		小计	100	
综合评分		小组评价分 ×50% + 教师评价分 ×50%		
总结与反思				

（如：学习过程中遇到什么问题→如何解决的/解决不了的原因→心得体会）

 任务二　实现 GPS 定位技术的应用

学习目标

- 了解 GPS 定位技术工作原理。
- 掌握 GPS 的核心参数。
- 了解 GPS 定位技术的应用场景。
- 具备 GPS 数据解析的能力，在实训的过程中掌握各参数的含义。

知识索引

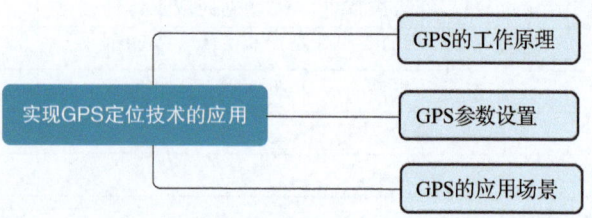

情境导入

某主机厂正在对采购的一批 GPS 设备的各个指标进行验证，其中，你作为 GPS 定位测试工程师，需要对新采购的 GPS 设备进行检测，对 GPS 设备进行选型，设置 GPS 参数，检测数据协议是否正常，并提交一份数据报告。

获取信息

引导问题 1

构成 GPS 的三大部分是（　　　）。
A. 空间卫星　　　　　　　B. 用户接收机
C. 地面监测系统　　　　　D. 卫星监测系统

GPS 的工作原理

GPS 的工作原理是多颗卫星同时发送信号，而位于地面的各接收装置由于自身与卫星的距离不一样，卫星所发出的信号到达接收装置的时间不一样，利用这些信号传输的到达时间差就可以计算出接收装置的坐标，进而达到定位的目的。

例如：你的左边和右边各有一个人，他们同时向你发出声音，左边的声音是 1s 后听到的，右边的声音是 2s 后听到的，也就是说左边的人距离你 340m，而右边的人距离你 680m，如果已知两个人的距离，就可以计算出你与左右两人的距离。

GPS 实施的是"到达时间差"（时延）的概念：利用每一颗 GPS 卫星的精确位置和连续发送的星上原子钟生成的导航信息，获得从卫星至接收机的到达时间差。

GPS 卫星在空中连续发送带有时间和位置信息的无线电信号，供 GPS 接收机接收。由于传输的距离因素，接收机接收到信号的时刻要比卫星发送信号的时刻延迟，通常称之为时延，因此，也可以通过时延来确定距离。卫星和接收机同时产生同样的伪随机码，一旦两个码实现时间同步，接收机便能测定时延；将时延乘上光速，便能得到距离。图 6-2-1 中显示了 GPS 的时延原理。

每颗 GPS 卫星上的计算机和导航信息发生器非常精确地了解其轨道位置和系统时间，而全球监测站网连续跟踪卫星的轨道位置和系统时间。位于美国科罗拉多州施里弗（Schriever）空军基地内的主控站与其运控段一起，至少每天一次对每颗 GPS 卫星注入校正数据。注入数据包括星座中每颗卫星的轨道位置测定和星上时钟的校正。这些校正数据是在复杂模型的基础上算出的，可在几周内保持有效。

GPS 系统时间是由每颗卫星上原子钟的铯和铷原子频标保持的。这些星钟一般来讲可精确到世界协调时（UTC）的几纳秒以内，UTC 是由美国海军观象台的"主钟"保持的，每台主钟的稳定性为若干个 10^{-13}s。GPS 卫星早期采用两部铯频标和两部铷频标，后来逐步改变为更多地采用铷频标。通常，在任一指定时间内，每颗卫星上只有

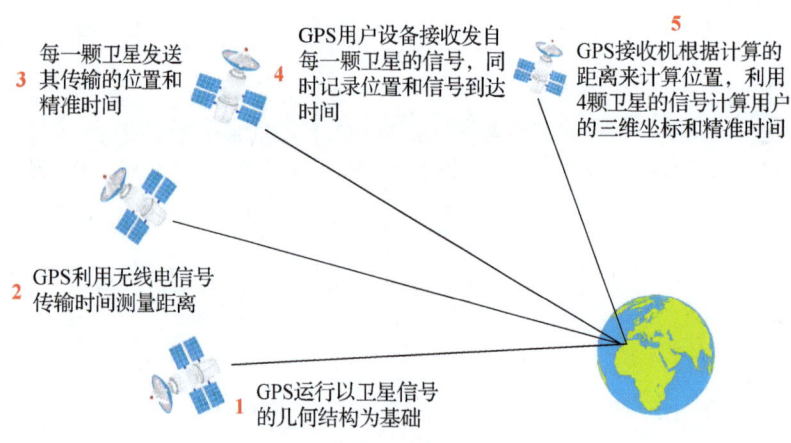

图 6-2-1　到达时间差原理

一台频标在工作。

卫星导航原理：卫星至用户间的距离测量是基于卫星信号的发射时间与到达接收机的时间之差，称为伪距。为了计算用户的三维位置和接收机时钟偏差，伪距测量要求至少接收来自 4 颗卫星的信号。

> **引导问题 2**
>
> 请查阅相关资料，简述北斗接收机需要设置哪些参数。
> _____
> _____

GPS 参数设置

CodingCopper 北斗接收机是一款面向各种移动设备、车载终端、嵌入式工控设备（基于 Linux 或 Android 系统）设计的全球卫星定位系统接收设备，可用于接收北斗系统、GPS 系统和 GLONASS 系统的定位数据。CodingCopper 北斗接收机采用 USB 接口和螺旋插接式（SMA 插座）外置天线设计，方便与各种主控设备连接，并可将天线放置到设备外部、窗口或户外，如图 6-2-2 所示。

在使用 USB 北斗接收机之前须对其进行系统参数的设置。首先需要安装 USB 驱动程序 USB_Driver_V3.5（支持 32/64 位 Windows10/8.1/8/7/VISTA/XP，SERVER 2016/2012/2008/2003，2000/ME/98，通过微软数字签名认证）。在计算机"设备管理器"菜单项中的"端口"项目下可以查看到新增的 USB-SERIAL 设备，后面括号中的 COM3 即为设备的端口名称（插入计算机上不同的 USB 接口可能会获得不同的端口名称）。

在运行相应的程序之后，可在菜单选项中进行串口和波特率的设置，如图 6-2-3 所示。

通过程序中的"配置视图"也可以设置波特率，除此之外还可以设置定位更新率、NMEA 语句、卫星系统，如图 6-2-4 所示。

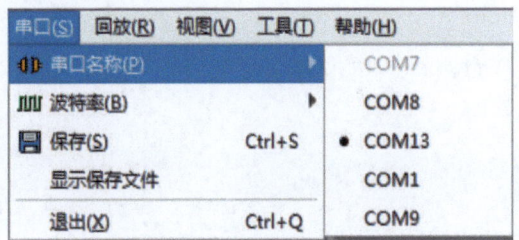

图 6-2-2　CodingCopper 北斗接收机

图 6-2-3　GnssToolKit3 菜单栏

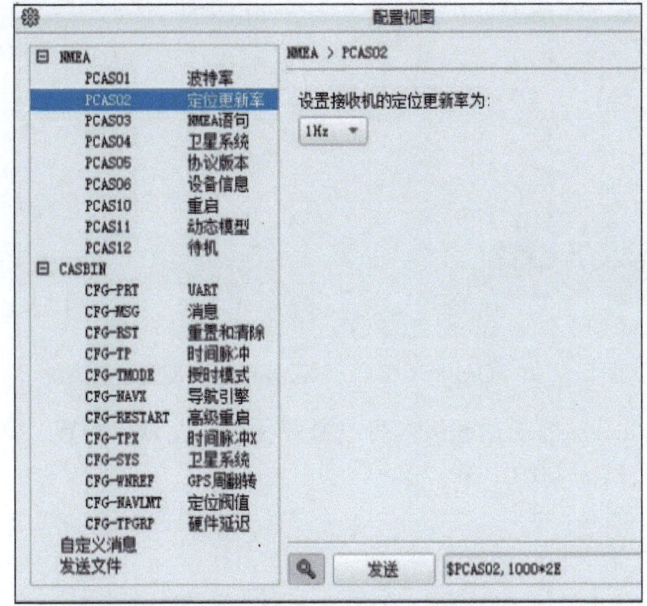

图 6-2-4　GnssToolKit3 "配置视图"

设置 NMEA 语句，即接收机通过 USB 串口发送哪些 NMEA-0183 协议规范中定义的语句。在"配置视图"中填写 1 表示发送该语句，填写 0 表示不发送该语句，不填写表示不修改，单击发送按钮即可设置，如图 6-2-5 所示。

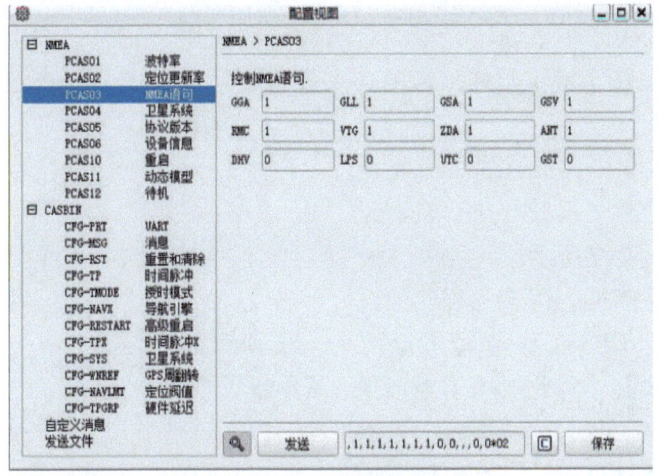

图 6-2-5　GnssToolKit3 "配置视图"设置 NMEA 语句

设置卫星系统：可选择 GPS（包含 QZSS）、北斗（BDS）、GLONASS 中的任意一种或任意组合，单击发送即可设置，如图 6-2-6 所示。

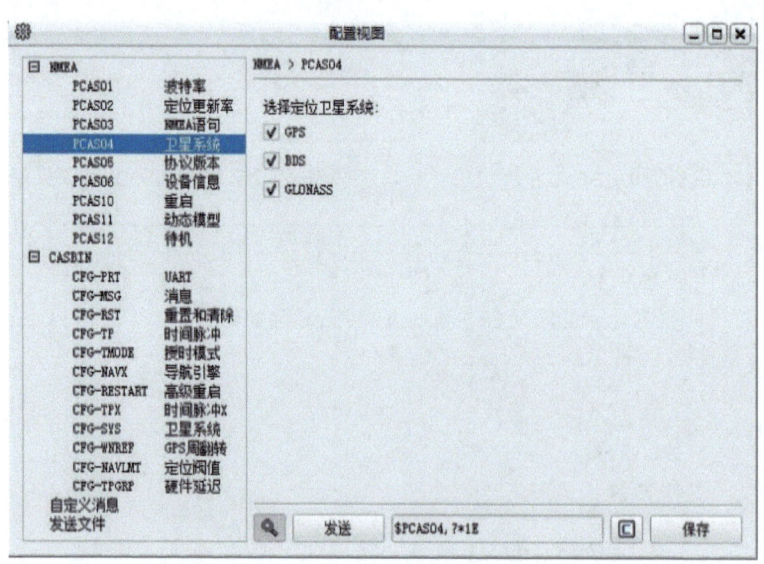

图 6-2-6　GnssToolKit3 "配置视图"设置卫星系统

配置信息会在北斗接收机的超级电容电量耗尽后恢复默认配置，要保存配置信息，需下发保存命令：$PCAS00*01\r\n。

引导问题 3

请查阅相关资料，简述 GPS 可以应用到哪些场景。

_____
_____
_____

GPS 的应用场景

GPS 最初只应用于军事领域，现如今已被广泛应用于交通、测绘等许多行业。其所有应用场景都是基于定位延伸出来的，主要包括运动导航、轨迹记录、大地测量以及周边信息查询等。

在智能网联汽车中，可通过 GPS 定位实现车辆的实时定位、驾驶导航、轨迹记录等功能，如图 6-2-7 所示。

GPS 的定位功能可应用于工程测绘，如图 6-2-8 所示。GPS 在作业时不会受到距离或环境的限制，因此适用于地形条件差的工程测绘中。且它定位实时，可以实时准确地定位运动目标的三维位置与速

图 6-2-7　GPS 应用于车辆实时定位

度，并且定位精度较高。

随着 GPS 接收机的小型化以及价格的降低，GPS 逐渐走进了人们的日常生活，成为人们旅游、探险的好帮手。通过 GPS，人们可以在陌生的城市里迅速地找到目的地，并且可以规划最优的行驶路径，如图 6-2-9 所示。

 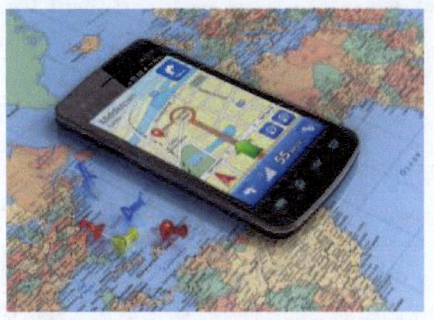

图 6-2-8　GPS 应用于工程测绘　　　图 6-2-9　GPS 应用于地图导航

利用 GPS 进行农田定位信息获取，包括产量监测、土样采集等，计算机系统通过对数据进行分析处理，决策出农田地块的管理措施，把产量和土壤状态信息装入带有 GPS 设备的喷施器中，从而精确地给农田地块施肥、喷药。通过实施精准耕作，可在尽量不减产的情况下，降低农业生产成本，有效避免资源浪费，降低因施肥除虫对环境造成的污染，如图 6-2-10 所示。

图 6-2-10　GPS 应用于农业

任务分组

学生任务分配表

班级		组号		指导老师	
组长		学号			
组员角色分配					
信息员		学号			
操作员		学号			
记录员		学号			
安全员		学号			
任务分工					
（就组织讨论、工具准备、数据采集、数据记录、安全监督、成果展示等工作内容进行任务分工）					

工作计划

按照前面所了解的知识内容和小组内部讨论的结果，制定工作方案，落实各项工作负责人，如任务实施前的准备工作、实施中主要操作及协助支持工作、实施过程中相关要点及数据的记录工作等，并将结果填入工作计划表中。

工作计划表

步骤	工作内容	负责人
1		
2		
3		
4		
5		

进行决策

1. 各组派代表阐述资料查询结果。
2. 各组就各自的查询结果进行交流,并分享技巧。
3. 教师结合各组完成的情况进行点评,选出最佳方案。

任务实施

GPS 常见的应用主要可分为定位、导航、历史轨迹和测距。接下来,我们来了解 GPS 数据结构,并设置参数配置。扫描右侧二维码,学习 GPS 数据解析,并完成下方任务。

GPS 数据解析

参考操作视频,按照规范作业要求完成 GPS 数据解析的操作步骤,完成数据采集并记录。

GPS 数据解析			
序号	步骤	记录	完成情况
1	GPS 设备连接		已完成□ 未完成□
2	安装 USB 驱动		已完成□ 未完成□
3	安装 Pycharm		已完成□ 未完成□
4	安装 Puserial 库		已完成□ 未完成□
5	运行 beidou1 和 beidou2 代码		已完成□ 未完成□
6	解析北斗接收机传输的数据		已完成□ 未完成□
总结提升			已完成□ 未完成□

评价反馈

1. 各组代表展示汇报 PPT,介绍任务的完成过程。
2. 请以小组为单位,对各组的操作过程与操作结果进行自评和互评,并将结果填入综合评价表中的小组评价部分。
3. 教师对学生工作过程与工作结果进行评价,并将评价结果填入综合评价表中的教师评价部分。

综合评价表

班级		组别		姓名		学号	
实训任务							

评价项目		评价标准	分值	得分
小组评价	计划决策	制定的工作方案合理可行，小组成员分工明确	10	
	任务实施	能够正确检查并设置实训工位	10	
		GPS 数据解析	30	
		能够规范填写任务工单	20	
	任务达成	能按照工作方案操作，按计划完成工作任务	10	
	工作态度	认真严谨、积极主动，安全生产，文明施工	10	
	团队合作	小组组员积极配合、主动交流、协调工作	5	
	6S 管理	完成竣工检验、现场恢复	5	
		小计	100	
教师评价	实训纪律	不出现无故迟到、早退、旷课现象，不违反课堂纪律	10	
	方案实施	严格按照工作方案完成任务实施	20	
	团队协作	任务实施过程互相配合，协作度高	20	
	工作质量	能准确完成任务实施的内容	20	
	工作规范	操作规范，三不落地，无意外事故发生	10	
	汇报展示	能准确表达、总结到位、改进措施可行	20	
		小计	100	
综合评分		小组评价分 ×50% + 教师评价分 ×50%		
总结与反思				

（如：学习过程中遇到什么问题→如何解决的 / 解决不了的原因→心得体会）

能力模块七
掌握惯性测量单元（IMU）技术与应用

 **任务一　认知 IMU 定位技术**

学习目标

- 了解惯性导航系统的定义。
- 了解惯性导航系统的组成。
- 了解惯性导航系统的分类。
- 熟知惯性导航传感器的优缺点。
- 了解不同 IMU 惯性导航的区别，以小组的形式展开资源检索，培养积极探索的精神。

知识索引

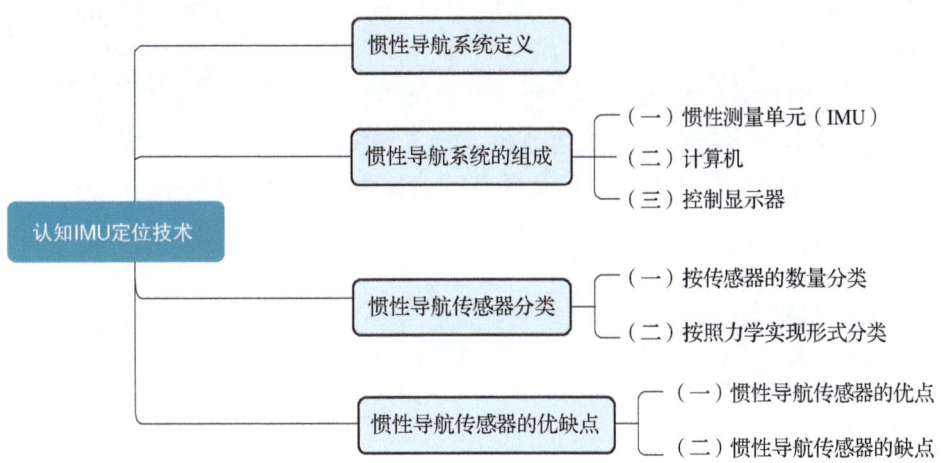

情境导入

虽说 GPS 和 IMU 分开都能用,但在自动驾驶中,我们还是会将这两者集成在一块,形成一个组合导航,当作一个传感器使用。请你围绕 IMU 定位技术展开小组讨论,查阅相关资料,了解 IMU 的组成、分类以及优缺点。

获取信息

引导问题 1

请查阅相关资料,简述惯性导航系统的定义。

_____
_____
_____

惯性导航系统定义

惯性导航系统(Inertial Navigation System,INS)简称为惯导,是一种不依赖于外部信息,也不向外部辐射能量,仅仅基于惯性测量单元,并使用软件对信息进行数据分析的自主式导航系统,它是以陀螺仪和加速度计为敏感器件的导航参数解算系统。

该系统根据陀螺仪的输出信号建立导航坐标系,根据加速度计输出解算出运载体在导航坐标系中的速度和位置。惯性导航系统至少包括计算机及含有加速度计、陀螺仪或其他运动传感器的平台(或模块)。惯性测量单元(Inertial measurement unit,IMU)是测量物体三轴姿态角(或)以及加速度的装置,如图 7-1-1 所示。

简而言之,惯性导航系统属于一种推算导航系统,即从一已知点的位置根据连续测得的运动载体航向角和速度推算出其下一点的位置,因而可连续测出运动体的当前位置。

图 7-1-1 惯性测量单元

引导问题 2

简单介绍惯性导航系统的组成。

_____
_____
_____

惯性导航系统的组成

惯性导航系统通常由惯性测量单元（IMU）、计算机、控制显示器等组成。

（一）惯性测量单元（IMU）

惯性测量单元（IMU）包括加速度计和陀螺仪，又称惯性导航组合。一般情况下，一个 IMU 包含 3 个单轴的加速度计和 3 个单轴的陀螺仪，也可能包含磁力计，见表 7-1-1。惯性测量单元自由度示意如图 7-1-2 所示。

表 7-1-1　IMU 的传感器组合形式

自由度	组成	测量内容
6	3 轴加速度计 +3 轴陀螺仪	线性 + 旋转速率
9	3 轴加速度计 +3 轴陀螺仪 +3 轴磁力计	线性 + 旋转速率 + 磁场
10	3 轴加速度计 +3 轴陀螺仪 +3 轴磁力计 + 气压计	线性 + 旋转速率 + 磁场 + 高度

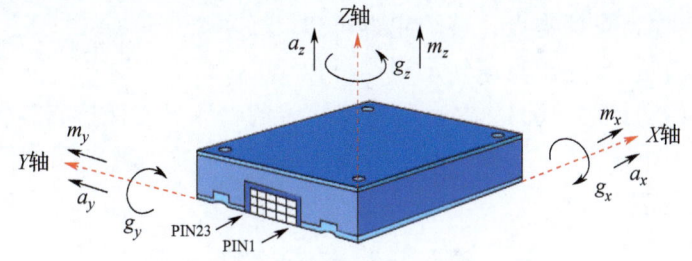

图 7-1-2　惯性测量单元自由度示意图

1）加速度计用于测量载体的运动加速度，然后用于计算载体的实时位置，是一个测量结构的振动或运动加速度的设备。在传统汽车上，它主要用于车辆电子稳定控制系统，以测量车辆的实际运动状态。

加速度计由检测质量（也称敏感质量）、支承、电位计、弹簧、阻尼器和壳体组成，如图 7-1-3 所示。

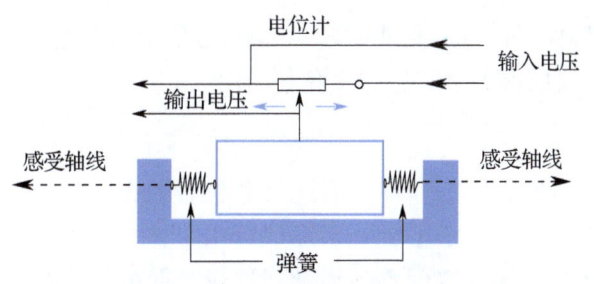

IMU 加速度计简介

图 7-1-3　加速度计示意图

检测质量受支承的约束只能沿一条轴线移动，这个轴常称为输入轴或感受轴。当仪表壳体随着运载体沿感受轴方向做加速运动时，根据牛顿定律，具有一定惯性的检测质量保持其原来的运动状态不变，检测质量与壳体之间将产生相对运动，使弹簧变形，于是检测质量在弹簧力的作用下随之加速运动。

当弹簧力与检测质量加速运动时产生的惯性力相平衡时,检测质量与壳体之间便不再有相对运动,这时弹簧的变形反映被测加速度的大小。电位计作为位移传感元件把加速度信号转换为电信号,以供输出。加速度计本质上是一个一自由度的振荡系统,须采用阻尼器来改善系统的动态品质。

2)陀螺仪用来测量转动运动,可以测量瞬时角速率或角位置信息,提供各轴(及其上加速度计)在各时刻的方向。

如图 7-1-4 所示,陀螺仪是一种绕支点高速旋转的物体,其结构一般由转子(旋转轮)、内框和外框组成。

转子可以在内部框架内高速旋转,内框可以绕内框轴相对于外框自由转动,外框绕外框轴相对于支架自由转动,两个旋转的角速度称为牵连角速度。旋转轴、内框轴和外框轴的轴线相交于一点,称为陀螺支点,整个陀螺可以围绕支点任意旋转。当陀螺高速转动时,可以直立地立在地面上而不会倾倒。这表明高速旋转的物体具有保持其旋转轴方向恒定的特性。

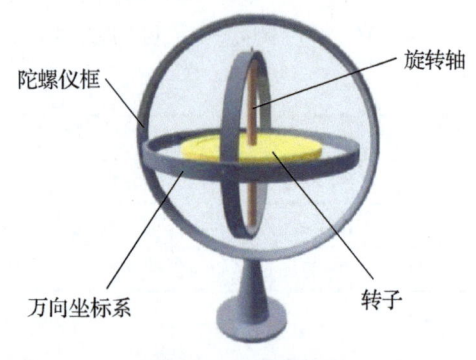

图 7-1-4 陀螺仪

陀螺仪类型见表 7-1-2。

表 7-1-2 陀螺仪类型

分类方式	类型
根据陀螺转子主轴的进动程度	二自由度陀螺、单自由度陀螺
根据支撑系统	滚子轴承陀螺、液浮/气浮陀螺和磁悬浮陀螺、挠性陀螺和静电陀螺
根据物理原理	转子陀螺、半球谐振陀螺、微机械陀螺(MEMS)、环形激光陀螺(RLG)和光纤陀螺(FOG)

目前,惯性导航技术已经实现了高精度、高可靠性、低成本、小型化、数字化,陀螺仪精度不断提高。另外,RLG、FOG、MEMS 等新型固态陀螺仪技术的成熟,也推动惯性导航系统在各领域得到了广泛的研究和应用。

(二)计算机

计算机根据测得的加速度信号计算出速度和位置数据,用于进行积分、相加、乘除和三角函数等数学计算。由于平台要始终保持水平并指向地理北向,因此平台要随汽车运动和地球自转相对惯性空间不断运动。这样,导航计算机还要不断计算出修正平台位置的指令信号,同时还要计算并补偿有害加速度等。

(三)控制显示器

控制显示器的功能主要是显示各种导航参数,方便实时调整各项参数。

> **引导问题 3**
>
> 查阅相关资料，简述惯性导航传感器分类。
> _____
> _____
> _____

惯性导航传感器分类

（一）按传感器的数量分类

1. 3 轴 IMU

即只有 3 轴陀螺仪的 IMU，其因为只有一个 3 轴陀螺仪，所以只能感知载体翻滚角、俯仰角、偏航角共 3 个自由度的姿态信息。

2. 6 轴 IMU

在 3 轴 IMU 的基础上加装了 3 轴加速度计，因此在感知载体姿态的基础上，还能感知载体 3 个自由度上的加速度信息。

3. 9 轴 IMU

在 6 轴 IMU 的基础上加装了 3 轴磁力计，由于 3 轴陀螺仪只能估计载体自身的相对位姿变化，单凭 3 轴陀螺仪无法获取载体的全部姿态信息，而通过 3 轴磁力计就可以获取。本质上磁力计的感知原理类似于指南针。

（二）按照力学实现形式分类

1. 捷联式惯性导航系统

捷联式惯导采用数学算法确定出导航坐标系，即将加速度计和陀螺仪直接安装在运载体上，陀螺仪输出用来计算运载体相对导航坐标系的姿态变化，加速度计输出经姿态变化至导航坐标系内。捷联式基于数学平台，与载体直接相连，易于安装、维修和更换，且体积小，缺陷是惯性测量装置与载体相连导致其工作环境恶化，测量精度下降，如图 7-1-5 所示。

图 7-1-5 俄联盟号飞船使用的惯导装置 imu500t（左）和用于导弹的惯导装置 imu-501（右）

2. 平台式惯性导航系统

平台式惯导采用物理平台模拟导航坐标系统,即将加速度计安装在稳定平台上,稳定平台由陀螺仪控制,使平台始终跟踪要求的导航坐标系。

在惯性器件性能要求和计算量等方面,捷联式惯导系统要求更为苛刻,但它同时减少了对于复杂机电平台的要求。捷联式系统抵抗振动和冲击的能力比较强,在体积和成本方面具有优势,同时由于激光陀螺仪、光纤陀螺仪等惯性器件的出现以及计算机技术的快速发展,捷联式惯导的性能优势也逐步显现。

从20世纪80年代开始,平台式惯导的开发工作已经基本终止,捷联式惯导将是未来惯导系统发展的主流形式,见表7-1-3。

表7-1-3 不同类型惯导系统发展前景

类别	主要应用级别	定位误差典型值	定向误差典型值	技术特征	环境适应性	发展前景
平台式惯导系统	中高导航级、运动隔离	1~2n mile/h	0.1°~0.2°	机电一体化系统,系统内部有三四个实体框架	抗振、抗冲击能力有限	局部被淘汰,市场萎缩
捷联式惯导系统	高中低导航级、稳定控制	小于1n mile/h	0.05°~0.1°	电子数字化系统,系统内部没有活动部件	抗振、抗冲击能力强	主流应用形式

> **引导问题 4**
>
> 请查阅相关资料,简述惯性导航传感器的优缺点。
> _____
> _____

惯性导航传感器的优缺点

(一)惯性导航传感器的优点

1)由于它是不依赖于任何外部信息,也不向外部辐射能量的自主式导航系统,故隐蔽性好,且不受外界电磁干扰的影响。

2)能提供位置、速度、航向和姿态角数据,所产生的导航信息连续性好且噪声小。

3)可全天候地工作于空中、地面乃至地下。

4)数据更新率高,短期精度和稳定性好。

(二)惯性导航传感器的缺点

惯性导航传感器测量的数据通常都会有一定误差。

1)偏移误差。表现为陀螺仪和加速度计即使在没有旋转或加速的情况下也会有非零的数据输出。位移数据是对加速度计的输出进行两次积分,因此,两次积分后,即使很小的偏移误差也会被放大。随着时间推进,偏移误差会不断积累,最终导致无法再跟踪汽车的位置。

2）比例误差。即所测量的输出和被检测输入的变化之间的比例误差。与偏移误差相似，在两次积分后，随着时间推进，比例误差也会不断积累。

3）背景白噪声。该误差如果不纠正，也会导致无法再跟踪汽车的位置。

4）每次使用之前需要较长的初始对准时间。

为了纠正这些误差，必须对惯性导航传感器进行校准，找出偏移误差、比例误差，然后使用校准参数对惯性导航传感器原数据进行修正。但是，惯性导航传感器的误差也会随着温度而变化。即使校准得再好，随着时间的推进，位移的误差还是会不断积累，所以很难单独使用惯性导航传感器对汽车进行定位。

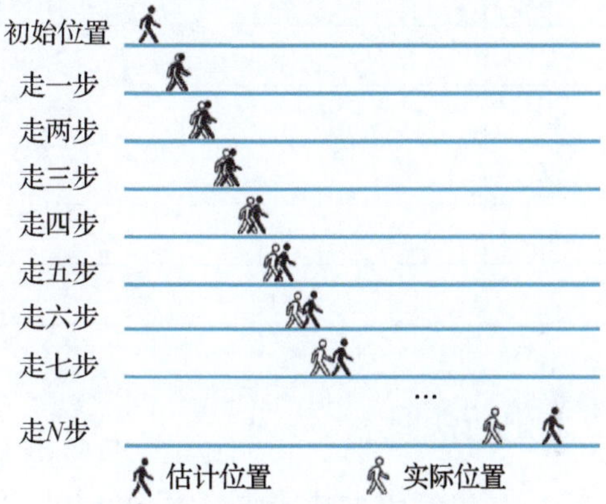

如图 7-1-6 所示，眼睛在黑暗中什么都看不见的情况下，只能根据自己的经验，极为谨慎地走小碎步，并不断用手摸周围的东西，用以确定自己所在的位置。

IMU 的原理和黑暗中走小碎步很相似。在黑暗中，由于自己对步长的估计和实际走的距离存在误差，走的步数越来越多时，自己估计的位置与实际的位置相差也会越来越远。

图 7-1-6　黑暗中走小碎步

任务分组

学生任务分配表

班级		组号		指导老师	
组长		学号			
组员角色分配					
信息员		学号			
操作员		学号			
记录员		学号			
安全员		学号			
任务分工					
（就组织讨论、工具准备、数据采集、数据记录、安全监督、成果展示等工作内容进行任务分工）					

工作计划

按照前面所了解的知识内容和小组内部讨论的结果，制定工作方案，落实各项工作负责人，如任务实施前的准备工作、实施中主要操作及协助支持工作、实施过程中相关要点及数据的记录工作等，并将结果填入工作计划表中。

工作计划表

步骤	工作内容	负责人
1		
2		
3		
4		
5		

进行决策

1. 各组派代表阐述资料查询结果。
2. 各组就各自的查询结果进行交流，并分享技巧。
3. 教师结合各组完成的情况进行点评，选出最佳团队。

任务实施

IMU 定位技术认知	
记录	完成情况
1. 简述惯性导航传感器的分类。	已完成□ 未完成□
2. 简述惯性导航传感器的优缺点。	

评价反馈

1. 各组代表展示汇报 PPT，介绍任务的完成过程。
2. 请以小组为单位，对各组的操作过程与操作结果进行自评和互评，并将结果填入综合评价表中的小组评价部分。

3. 教师对学生工作过程与工作结果进行评价，并将评价结果填入综合评价表中的教师评价部分。

综合评价表

班级		组别		姓名		学号	
实训任务							
评价项目		评价标准			分值		得分
小组评价	计划决策	制定的工作方案合理可行，小组成员分工明确			10		
	任务实施	能够正确检查并设置实训工位			10		
		简述惯性导航传感器的分类			15		
		简述惯性导航传感器的优缺点			15		
		能够规范填写任务工单			20		
	任务达成	能按照工作方案操作，按计划完成工作任务			10		
	工作态度	认真严谨、积极主动，安全生产，文明施工			10		
	团队合作	小组组员积极配合、主动交流、协调工作			5		
	6S管理	完成竣工检验、现场恢复			5		
		小计			100		
教师评价	实训纪律	不出现无故迟到、早退、旷课现象，不违反课堂纪律			10		
	方案实施	严格按照工作方案完成任务实施			20		
	团队协作	任务实施过程互相配合，协作度高			20		
	工作质量	能准确完成任务实施的内容			20		
	工作规范	操作规范，三不落地，无意外事故发生			10		
	汇报展示	能准确表达、总结到位、改进措施可行			20		
		小计			100		
综合评分		小组评价分 ×50% + 教师评价分 ×50%					
总结与反思							
（如：学习过程中遇到什么问题→如何解决的 / 解决不了的原因→心得体会）							

任务二　实现 IMU 定位技术的应用

学习目标

- 了解惯性导航传感器工作原理。
- 掌握 IMU 数据协议解析。
- 了解惯性导航系统的应用。
- 具备 IMU 传感器数据解析的能力，能从数据流中提取出 IMU 的关键数据。
- 了解不同品牌车辆功能受限的故障现象，培养积极探索的精神。

知识索引

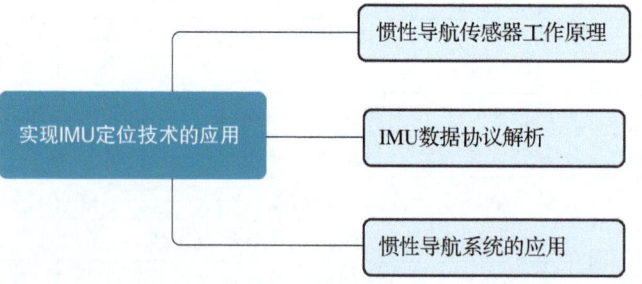

情境导入

某公司打算在自动驾驶测试车辆上安装 IMU，用于协助 GPS 进行定位，你作为一名 IMU 算法工程师接到了此任务，需为公司在市面上挑选高品质的 IMU，并提交各类 IMU 产品的分析报告。

获取信息

引导问题 1

请查阅相关资料，简述惯性导航传感器工作原理。
_____
_____

惯性导航传感器工作原理

惯性导航系统的工作机理是建立在牛顿经典力学的基础上的：一个物体如果没有外力作用，将保持静止或匀速直线运动。根据测量数据，可以得到以下测量过程：如果能够测到加速度，通过加速度对时间的两次积分能够获得位移，以此实现位置定位；如果能够测量到角速度，通过积分可以获取位置信息，将它们结合在一起可以获得物体的实际状态。惯性导航系统原理如图 7-2-1 所示。因此，惯性导航传感器能够测量高精度位置、速度、姿态信息。随着技术发展，惯性导航传感器的发展趋势是与 GPS 定位传感器融合集成为一个传感器。

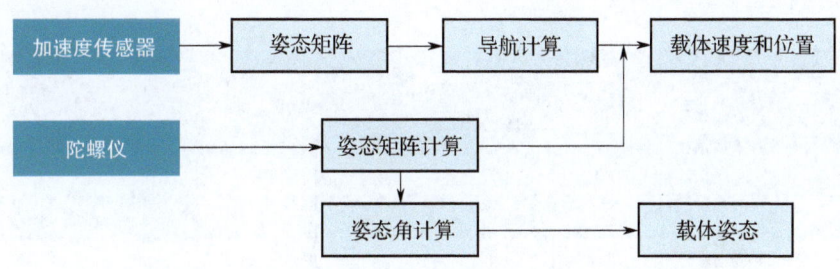

图 7-2-1　惯性导航系统原理框图

引导问题 2

请查阅相关资料，简述 IMU 数据帧包含哪些信息。
_____
_____
_____

IMU 数据协议解析

IMU 数据以十六进制的方式进行传输，每一帧数据占 40B，以下面这帧数据为例进行解析。

A5 5A 25 06 14 01 FF DA 2B 61 33 1C 00 01 FF FE 00 01 FF D0 FF 32 FF B0 00 00 00 00 12 7C 00 01 29 F6 01 E5 AA

每一帧的数据包含以下信息：

帧头（byte1~2）占 2B；帧尾（byte40）占 1B。

长度段（25）：byte3 为长度段，表示的是数据所占字节数，将十六进制数 25 转换为十进制可得 37，除去帧头和帧尾所占 3B，一帧共 37B 数据。

byte4~9 从左到右依次为航向、俯仰、横滚，每个数据的长度段为 2B，将数据帧中十六进制数转换为十进制数再乘以 0.1 就可得到相应数据的值。

加速度（byte10~15）：从左到右依次为 X 轴加速度、Y 轴加速度、Z 轴加速度，长度段都为 2B，转换为十进制数之后除以 16384 可得相应数据的值。

角速度（byte16~21）：从左到右依次为 X 轴角速度、Y 轴角速度、Z 轴角速度，转换为十进制数之后除以 32.8 可得相应数据的值。

磁强度（byte22~27）：从左到右依次为 X 轴磁强度、Y 轴磁强度、Z 轴磁强度，转换为十进制数之后乘以 0.0015 可得相应数据的值。

byte28~31 为缺省，长度段为 4B，数值为 0。

温度（byte32~33）：计算方式为相应十进制数乘以 0.01。

时间戳（byte34~37）：长度段为 4B，转换为十进制数可得相应数据的值，单位为 ms。

byte38~39 分别为磁状态标志和校验和。

IMU 数据状态如图 7-2-2 所示。

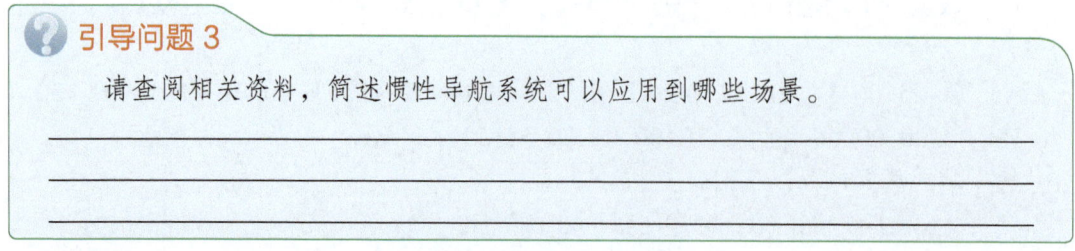

图 7-2-2　IMU 数据状态

引导问题 3

请查阅相关资料，简述惯性导航系统可以应用到哪些场景。

_____

_____

惯性导航系统的应用

惯性导航系统最先应用于火箭制导，美国火箭先驱罗伯特·戈达德（Robert Goddard）试验了早期的陀螺系统，第二次世界大战期间经德国人冯·布劳恩改进后，应用于 V-2 火箭制导。战后美国麻省理工学院等研究机构及人员对惯性制导进行了深入研究，从而发展成应用于飞机、火箭、航天飞机、潜艇的现代惯性导航系统，如图 7-2-3 所示。

图 7-2-3　惯性导航系统的主要应用场景

在智能网联汽车中，凭借其高可靠性可实现汽车全地形导航。比如当汽车行驶在隧道中时，受外界影响有可能会导致 GPS 信号丢失，这个时候惯性导航系统便可发挥作用完成汽车导航，但时间过长会有误差。

组合导航是以计算机为中心，将多个导航传感器的信息加以综合和最优化数学处理，然后综合输出导航结果。组合导航是近代导航理论和技术发展的结果，每种导航系统都有各自的独特性能和局限性。把几种不同的导航系统组合在一起，就能利用多种信息源，互相补充，构成一种有冗余度和导航准确度更高的多功能导航系统。所以，将惯性导航、无线电导航、天文导航或卫星导航等两种或多种系统组合在一起，形成的一种综合导航系统，称之为组合导航系统，如图 7-2-4 和图 7-2-5 所示。

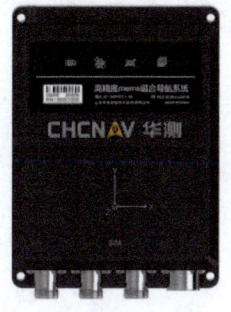

车载导航定位系统组成

图 7-2-4　组合导航主机

惯性导航目前应用较多的是把惯性导航和 GPS、北斗卫星导航结合在一起，形成组合导航来使用，比如 GPS/北斗+惯性导航一体车载组合导航系统。

Adept Mobile Robots Seekur 是一款采用惯性导航系统（INS）的自主机器人，该机器人具有 4 轮传动系统，每个车轮均有独立转向和速度控制能力，可在任何水平方向上灵活地移动，如图 7-2-6 所示。

在资源勘探领域的钻探开采中，尤其是石油勘探行业中，需要测量井深轨迹和钻头的实际位置,从而保证井深达到预定位置。惯性基石油测斜仪作为国际钻井中普遍采用的先进测量仪器,能够在175℃的高温环境下可靠测量定向参数和伽马辐射值,并将井深中测试的数据准确、及时地反馈到地面控制中心,通过远程控制系统实现钻井方向的精确导航,如图 7-2-7 所示。

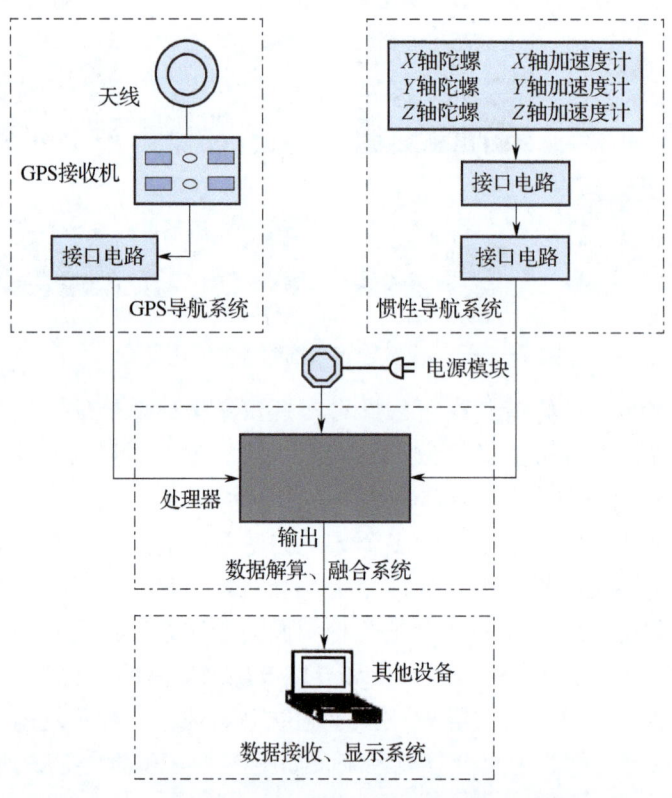

图 7-2-5　GPS 与 IMU 融合

图 7-2-6　Adept Mobile Robots Seekur 自主机器人

图 7-2-7　惯性导航系统应用于石油开采

| 姓名 | | 班级 | | 日期 | | 能力模块七 掌握惯性测量单元（IMU）技术与应用 |

任务分组

学生任务分配表

班级		组号		指导老师	
组长		学号			

组员角色分配			
信息员		学号	
操作员		学号	
记录员		学号	
安全员		学号	

任务分工
（就组织讨论、工具准备、数据采集、数据记录、安全监督、成果展示等工作内容进行任务分工）

工作计划

按照前面所了解的知识内容和小组内部讨论的结果，制定工作方案，落实各项工作负责人，如任务实施前的准备工作、实施中主要操作及协助支持工作、实施过程中相关要点及数据的记录工作等，并将结果填入工作计划表中。

工作计划表

步骤	工作内容	负责人
1		
2		
3		
4		
5		

进行决策

1. 各组派代表阐述资料查询结果。
2. 各组就各自的查询结果进行交流，并分享技巧。
3. 教师结合各组完成的情况进行点评，选出最佳团队。

任务实施

IMU 传感器数据是通过报文形式传输的，报文是网络中交换与传输的数据单元，即站点一次性要发送的数据块。扫描右侧二维码，学习 IMU 传感器数据解析，并完成下方任务。

参考操作视频，按照规范作业要求完成 IMU 传感器数据解析的操作步骤，完成数据采集并记录。

IMU 传感器数据解析

IMU 传感器数据解析				
序号	步骤	记录	完成情况	
1	IMU 传感器设备连接		已完成□	未完成□
2	捕获 IMU 数据		已完成□	未完成□
3	对 IMU 数据进行分析		已完成□	未完成□
4	完成 IMU 数据解析		已完成□	未完成□
总结提升			已完成□	未完成□

评价反馈

1.各组代表展示汇报 PPT，介绍任务的完成过程。

2.请以小组为单位，对各组的操作过程与操作结果进行自评和互评，并将结果填入综合评价表中的小组评价部分。

3.教师对学生工作过程与工作结果进行评价，并将评价结果填入综合评价表中的教师评价部分。

综合评价表

班级		组别		姓名		学号	
实训任务								
评价项目		评价标准					分值	得分
小组评价	计划决策	制定的工作方案合理可行，小组成员分工明确					10	
	任务实施	能够正确检查并设置实训工位					10	
		完成 IMU 传感器数据解析					30	
		能够规范填写任务工单					20	
	任务达成	能按照工作方案操作，按计划完成工作任务					10	
	工作态度	认真严谨、积极主动，安全生产，文明施工					10	
	团队合作	小组组员积极配合、主动交流、协调工作					5	
	6S 管理	完成竣工检验、现场恢复					5	
		小计					100	
教师评价	实训纪律	不出现无故迟到、早退、旷课现象，不违反课堂纪律					10	
	方案实施	严格按照工作方案完成任务实施					20	
	团队协作	任务实施过程互相配合，协作度高					20	
	工作质量	能准确完成任务实施的内容					20	
	工作规范	操作规范，三不落地，无意外事故发生					10	
	汇报展示	能准确表达、总结到位、改进措施可行					20	
		小计					100	
综合评分 || 小组评价分 ×50% + 教师评价分 ×50%							
总结与反思								
（如：学习过程中遇到什么问题→如何解决的/解决不了的原因→心得体会）|							

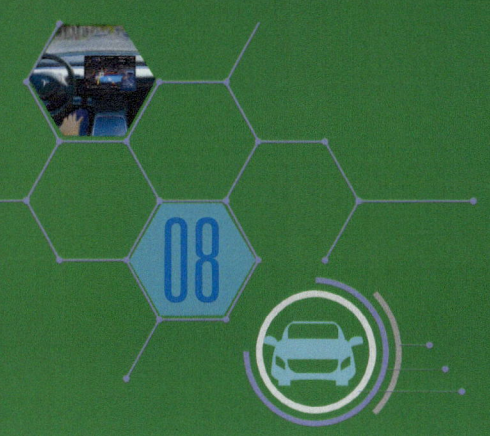

能力模块八 掌握智能驾驶多传感器融合技术及应用

任务一 认知多传感器融合

学习目标

- 了解多传感器融合的定义。
- 掌握多传感器融合的方法。
- 了解多传感器融合技术的应用。
- 能够识别多传感器的类型。
- 了解多种传感器融合的区别,认识到各种传感器融合之间的差异。
- 检索传感器的多种融合方式,了解可能的就业方向,树立正确的就业观。

知识索引

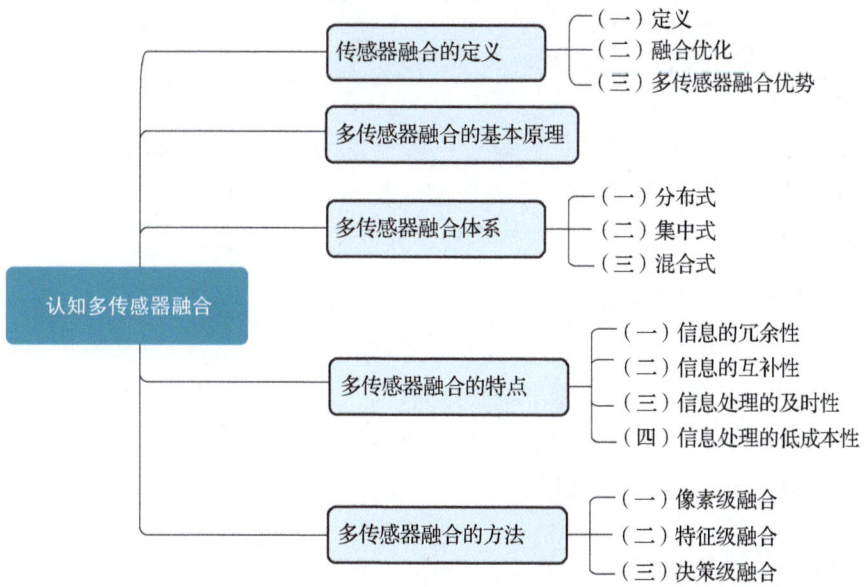

认知多传感器融合
- 传感器融合的定义
  - (一)定义
  - (二)融合优化
  - (三)多传感器融合优势
- 多传感器融合的基本原理
- 多传感器融合体系
  - (一)分布式
  - (二)集中式
  - (三)混合式
- 多传感器融合的特点
  - (一)信息的冗余性
  - (二)信息的互补性
  - (三)信息处理的及时性
  - (四)信息处理的低成本性
- 多传感器融合的方法
  - (一)像素级融合
  - (二)特征级融合
  - (三)决策级融合

情境导入

某自动驾驶公司正在研发属于自己的算法,现对不同公司的多传感器融合算法进行技术剖析,了解不同类型多传感器融合的算法路线,作为一名产品性能测试工程师,你能针对不同传感器融合技术说出它们的类别、特点吗?

获取信息

引导问题 1

多传感器信息融合(Multi-Sensor Information Fusion,MSIF),就是利用_____将来自_____的信息和数据,在一定的准则下加以自动分析和综合,以完成所需要的决策和估计而进行的信息处理过程。

传感器融合的定义

(一)定义

多传感器信息融合(Multi-Sensor Information Fusion,MSIF),就是利用计算机技术将来自多传感器或多源的信息和数据,在一定的准则下加以自动分析和综合,以完成所需要的决策和估计而进行的信息处理过程。

多传感器信息融合是指处于不同位置的多个或者多种传感器的信息处理技术。随着传感器应用技术、数据处理技术、计算机软硬件技术和工业化控制技术的发展成熟,多传感器信息融合技术已成为一门热门的新兴学科和技术。我国对多传感器信息融合技术的研究已经在工程上应用于信息的定位和识别等。而且相信随着科学的进步,多传感器信息融合技术将会成为一门智能化、精细化的数据、信息、图像等综合处理和研究的专门技术。

(二)融合优化

如图 8-1-1 所示,多传感器信息融合从多信息的视角进行处理及综合,得到各种信息的内在联系和规律,从而剔除无用和错误的信息,保留正确和有用的成分,最终实现信息的优化,也为智能信息处理技术的研究提供了新的思路。

(三)多传感器融合优势

数据融合的主要优势在于:充分利用不同时间与空间的多传感器数据资源,采用计算机技术按时间序列获得多传感器的观测数据,在一定准则下进行分析、综合、支配和使用,获得对被测对象的一致性解释与描述,进而实现相应的决策和估计,使系统获得比各组成部分更为充分的信息,如图 8-1-2 所示。

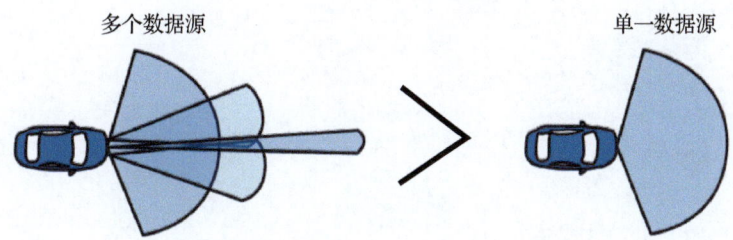

图 8-1-1 多传感器信息融合概念图

图 8-1-2 传感器融合是以适当方式组合两个或多个数据源的过程

 引导问题 2

多传感器融合的基本原理类似于_____的综合处理过程。

多传感器融合的基本原理

多传感器融合的基本原理类似于人类大脑对环境信息的综合处理过程。人类对外界环境的感知是通过将眼睛、耳朵、鼻子和四肢等感官（各种传感器）所探测的信息传输至大脑（信息融合中心），并与先验知识（数据库）进行综合，以便对周围的环境和正在发生的事件做出快速准确的评估；而多传感器融合技术则是通过各种传感器对环境信息进行感知，并传输信息至信息融合中心，与数据库内的信息进行综合分析，实现对周围的环境和正在发生的事件做出快速准确的评估。

引导问题 3

请查阅相关资料，简述多传感器融合体系。

_____

_____

多传感器融合体系

多传感器融合体系结构分为分布式、集中式和混合式。

（一）分布式

分布式是指先对各个独立传感器所获得的原始数据进行局部处理，然后再将结果送入信息融合中心进行智能优化组合以获得最终的结果。分布式多传感器对通信带宽的需求低，计算速度快，可靠性和延续性好，但跟踪的精度远没有集中式高，如图8-1-3所示。

（二）集中式

集中式是将各传感器获得的原始数据直接送至信息融合中心进行融合处理，可以实现实时融合，如图8-1-4所示。它的优点是数据处理的精度高，算法灵活；缺点是对处理器的要求高，可靠性较低，数据量大，故目前仍难以实现。

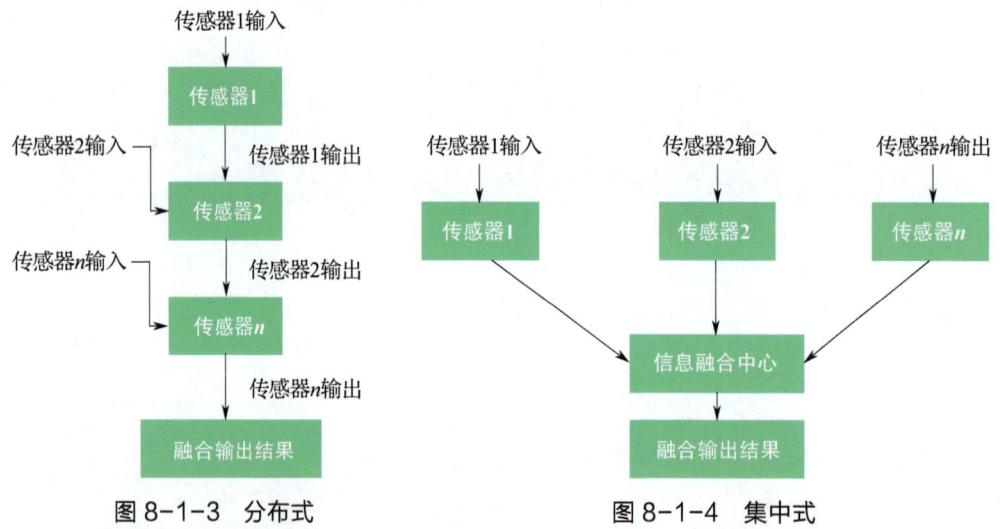

图 8-1-3　分布式　　　　　　　　图 8-1-4　集中式

（三）混合式

混合式是指信息融合框架中，部分传感器采用集中式融合方式，剩余的传感器采用分布式融合方式，如图8-1-5所示。混合式融合框架具有较强的适应能力，兼顾集中式和分布式的优点，稳定性强。混合式融合方式的结构比前两种融合方式复杂，这就加大了通信和计算的代价。

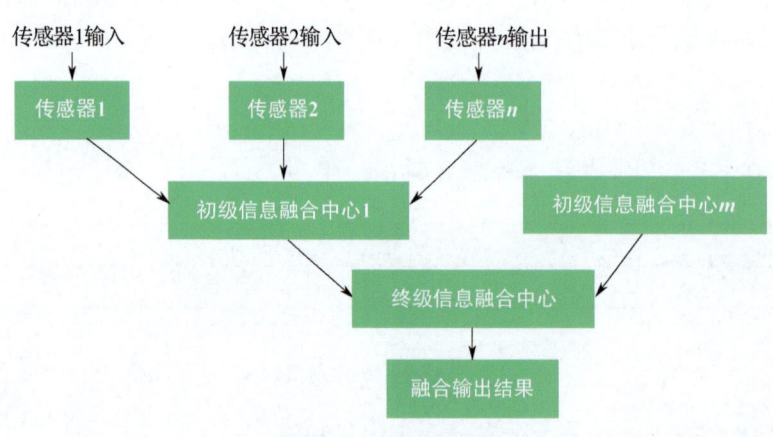

图 8-1-5　混合式

姓名　　班级　　日期　　　　　　能力模块八　掌握智能驾驶多传感器融合技术及应用

> **引导问题 4**
>
> 请查阅相关资料，回答多传感器融合的特点有（　　）。
> A. 信息的冗余性　　　　　　B. 信息的互补性
> C. 信息处理的及时性　　　　D. 信息处理的低成本性

多传感器融合的特点

（一）信息的冗余性

对于环境的某个特征，可以通过多个传感器（或者单个传感器的多个不同时刻）得到它的多份信息，这些信息是冗余的，并且具有不同的可靠性，通过融合处理，可以从中提取出更加准确和可靠的信息。此外，信息的冗余性可以提高系统的稳定性，从而能够避免因单个传感器失效而对整个系统所造成的影响。

（二）信息的互补性

不同种类的传感器可以为系统提供不同性质的信息，这些信息所描述的对象是不同的环境特征，它们彼此之间具有互补性。如果定义一个由所有特征构成的坐标空间，那么每个传感器所提供的信息只属于整个空间的一个子空间，与其他传感器形成的空间相互独立。

（三）信息处理的及时性

各传感器的处理过程相互独立，整个处理过程可以采用并行处理机制，从而使系统具有更快的处理速度，提供更加及时的处理结果。

（四）信息处理的低成本性

多个传感器可以花费更少的代价得到单个传感器所能得到的信息量。另一方面，如果不将单个传感器所提供的信息用来实现其他功能，单个传感器的成本之和与多个传感器的成本之和是相当的。

> **引导问题 5**
>
> 请查阅相关资料，填下横线部分的内容。
> 在以目标身份估计为目的的体系结构下，根据多传感器信息融合技术抽象程度的不同，可以将其划分为 3 个层次：＿＿＿＿、＿＿＿＿、＿＿＿＿。

多传感器融合的方法

在以目标身份估计为目的的体系结构下，根据多传感器信息融合技术抽象程度的不同，可以将其划分为 3 个层次：像素级融合、特征级融合、决策级融合。一般情况下，具体应用方案根据系统特点进行合理选择。

（一）像素级融合

像素级融合又称为数据级融合，如图 8-1-6 所示，它将同类别的传感器采集的原

161

始数据进行融合，最大可能地保留了各预处理阶段的细微信息。但是，由于融合发生在数据的最底层，计算量大且容易受不稳定性、不确定性因素的影响。同时，由于数据融合精确到像素级，因而无法处理异构数据。

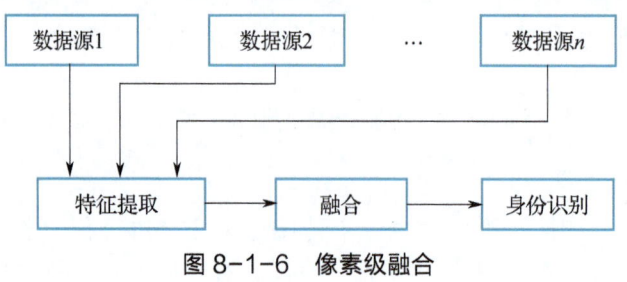

图 8-1-6　像素级融合

（二）特征级融合

如图 8-1-7 所示，特征级融合是通过各传感器的原始数据结合决策推理算法，对信息进行分类、汇集和综合，提取出具有充分表示量和统计量的属性特征。根据融合内容，特征级融合又可以分为目标状态融合和目标特性融合两大类。其中，前者的特点是先进行数据配准，以实现对状态和参数的相关估计，更加适用于目标跟踪。后者是借用传统模式识别技术，在特征预处理的前提下进行分类组合。

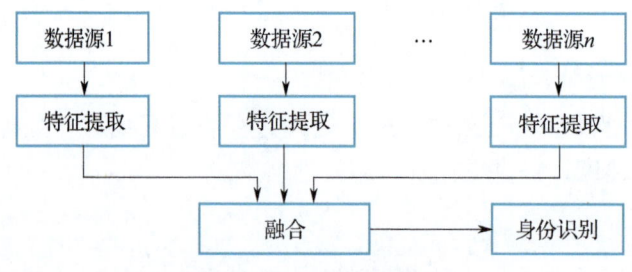

图 8-1-7　特征级融合

（三）决策级融合

决策级融合的特点是高层次，需要处理不同类型的传感器对同一观测目标的原始数据，并完成特征提取、分类判别，生成初步结论，然后根据决策对象的具体需求，进行相关处理和高级决策判断，获得简明的综合推断结果，如图 8-1-8 所示。决策级融合具有实时性好、容错性高的优点，面对一个或者部分传感器失效时，仍能给出合理决策。

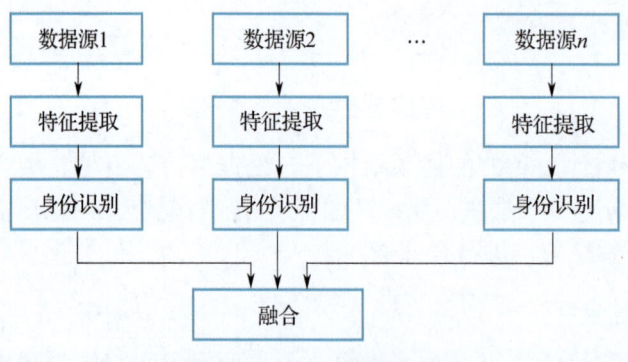

图 8-1-8　决策级融合

| 姓名 | | 班级 | | 日期 | | 能力模块八 掌握智能驾驶多传感器融合技术及应用 |

任务分组

学生任务分配表

班级		组号		指导老师	
组长		学号			
组员角色分配					
信息员		学号			
操作员		学号			
记录员		学号			
安全员		学号			
任务分工					

（就组织讨论、工具准备、数据采集、数据记录、安全监督、成果展示等工作内容进行任务分工）

工作计划

按照前面所了解的知识内容和小组内部讨论的结果，制定工作方案，落实各项工作负责人，如任务实施前的准备工作、实施中主要操作及协助支持工作、实施过程中相关要点及数据的记录工作等，并将结果填入工作计划表中。

工作计划表

步骤	工作内容	负责人
1		
2		
3		
4		
5		

进行决策

1. 各组派代表阐述资料查询结果。
2. 各组就各自的查询结果进行交流，并分享技巧。
3. 教师结合各组完成的情况进行点评，选出最佳团队。

📋 任务实施

多传感器融合认知	
记录	完成情况
1.请查询相关资料，简述多传感器融合的特点。 2.请查阅相关资料，并结合生活场景，简述传感器融合的实际案例。 	已完成□ 未完成□

💬 评价反馈

1.各组代表展示汇报 PPT，介绍任务的完成过程。

2.请以小组为单位，对各组的操作过程与操作结果进行自评和互评，并将结果填入综合评价表中的小组评价部分。

3.教师对学生工作过程与工作结果进行评价，并将评价结果填入综合评价表中的教师评价部分。

综合评价表

班级		组别		姓名		学号	
	实训任务						
	评价项目		评价标准		分值	得分	
小组评价	计划决策		制定的工作方案合理可行，小组成员分工明确		10		
	任务实施		能够正确检查并设置实训工位		10		
			请查询相关资料，简述多传感器融合的特点		15		
			请查阅相关资料，并结合生活场景，简述传感器融合的实际案例		15		
			能够规范填写任务工单		20		
	任务达成		能按照工作方案操作，按计划完成工作任务		10		
	工作态度		认真严谨、积极主动，安全生产，文明施工		10		
	团队合作		小组组员积极配合、主动交流、协调工作		5		
	6S 管理		完成竣工检验、现场恢复		5		
			小计		100		

（续）

评价项目		评价标准	分值	得分
教师评价	实训纪律	不出现无故迟到、早退、旷课现象，不违反课堂纪律	10	
	方案实施	严格按照工作方案完成任务实施	20	
	团队协作	任务实施过程互相配合，协作度高	20	
	工作质量	能准确完成任务实施的内容	20	
	工作规范	操作规范，三不落地，无意外事故发生	10	
	汇报展示	能准确表达、总结到位、改进措施可行	20	
		小计	100	
综合评分		小组评价分 ×50% + 教师评价分 ×50%		

总结与反思

（如：学习过程中遇到什么问题→如何解决的/解决不了的原因→心得体会）

任务二　实现视觉与激光雷达融合的应用

学习目标

- 了解视觉激光雷达融合。
- 掌握相机内参标定和激光雷达标定。
- 掌握视觉激光雷达联合标定。
- 了解视觉激光雷达融合实例。
- 学习视觉与激光雷达融合的方法，培养"精益求精、持之以恒"的工匠精神。
- 在分工协作完成实训任务的过程中感受团队协作的重要性，树立团队意识。

智能网联汽车传感器技术与应用

知识索引

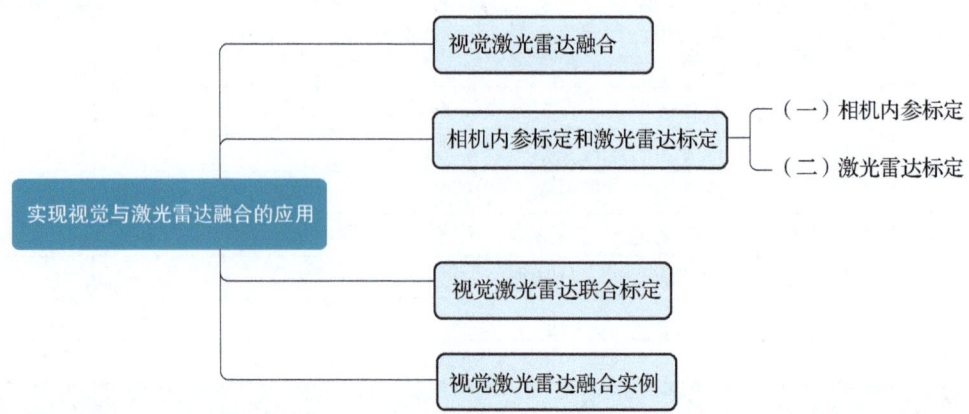

情境导入

某传感器公司正在测试视觉与激光雷达融合，你作为产品测试工程师，需将视觉与激光雷达传感器融合，并进行融合前和融合后两种测量精度的对比。

获取信息

引导问题 1

请查阅相关资料，物体检测的策略分为：
_____
_____
_____

视觉激光雷达融合

摄像头产生的数据是 2D 图像，对物体的形状和类别的感知精度较高。深度学习技术的成功起源于计算机视觉任务，很多成功的算法也是基于对图像数据的处理，因此目前基于图像的感知技术已经相对成熟。图像数据的缺点在于受外界光照条件的影响较大，很难适用于所有的天气条件。对于单目系统来说，获取场景和物体的深度（距离）信息比较困难。双目系统可以解决深度信息获取的问题，但是计算量很大。激光雷达在一定程度上弥补了摄像头的缺点，可以精确地感知物体的距离，但是限制在于成本较高，车规要求难以满足，因此在量产方面比较困难。同时，激光雷达生成的 3D 点云比较稀疏（比如垂直扫描线只有 64 线或 128 线）。对于远距离物体或者小物体来说，反射点的数量会非常少。

图像数据和点云存在着巨大的差别，如图 8-2-1 所示。首先是视角不同，图像数据是真实世界通过透视投影得到的二维表示，而三维点云则包含了真实世界欧式坐标系中的三维信息，可以投影到多种视图。其次是数据结构不同，图像数据是规则的、有序的、稠密的，而点云数据是不规则的、无序的、稀疏的。在空间分辨率方面，图像数据也比点云数据高很多。

	图像	点云
排列	有序	无序
数据结构	常规	不规则
数据类型	离散	连续
维度	2D	3D
坐标	投影	欧几里得
分辨率	高	低

图 8-2-1　图像数据与点云数据的对比

自动驾驶感知系统中有两个典型的任务：物体检测和语义分割。由于语义分割可以由物体检测扩展得到，我们主要以物体检测任务为主学习不同的融合方法。

物体检测的策略分为决策层融合、决策 + 特征层融合以及特征层融合。在决策层融合中，图像和点云分别得到物体检测结果（Bounding Box），转换到统一坐标系后再进行合并。这种策略中用到的大都是一些传统的方法，比如 IoU 计算、卡尔曼滤波等，与深度学习关系不大了。下面重点讲解后两种融合策略。

决策 + 特征层融合策略的主要思路是先通过一种数据生成物体的候选框（Proposal）。如果采用图像数据，那么生成的就是 2D 候选框，如果采用点云数据，那么生成的就是 3D 候选框。然后，将候选框与另外一种数据相结合生成最终的物体检测结果（也可以再重复利用生成候选框的数据）。这个结合的过程就是将候选框和数据统一到相同的坐标系下，可以是 3D 点云坐标（比如 F-PointNet），也可以是 2D 图像坐标（比如 IPOD）。

F-PointNet 由图像数据生成 2D 物体候选框，然后将这些候选框投影到 3D 空间。每个 2D 候选框在 3D 空间对应一个视锥体（Frustum），并将落到视锥体中的所有点合并起来作为该候选框的特征。视锥体中的点可能来自前景的遮挡物体或者背景物体，所以需要进行 3D 实例分割来去除这些干扰，只保留物体上的点，用以进行后续的物体框估计（类似 PointNet 中的处理方式）。这种基于视锥的方法，缺点在于每个视锥中只能处理一个要检测的物体，这对于拥挤的场景和小目标（比如行人）来说是不能满足要求的。F-PointNet 网络结构如图 8-2-2 所示。

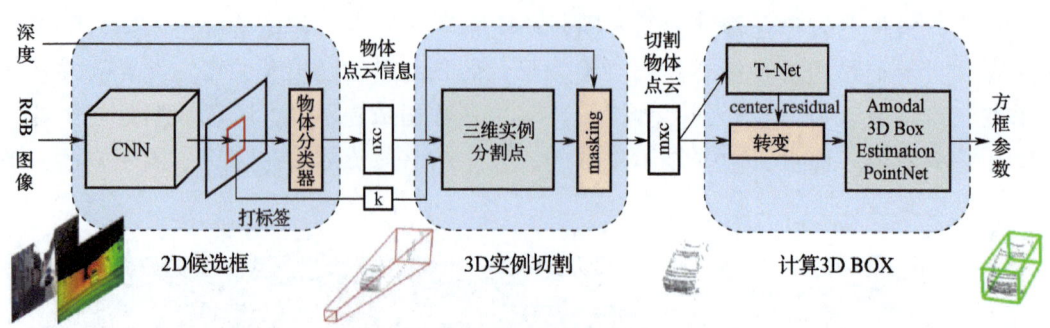

图 8-2-2　F-PointNet 网络结构

IPOD 提出采用 2D 语义分割来替换 2D 物体检测。首先,图像上的语义分割结果被用来去除点云中的背景点,这是通过将点云投影到 2D 图像空间来完成的。接下来,在每个前景点处生成候选物体框,并采用 NMS 去除重叠的候选框,最后每帧点云大约保留 500 个候选框。同时,PointNet++ 网格被用来进行点特征提取。有了候选框和点特征,最后一步采用一个小规模的 PointNet++ 来预测类别和准确的物体框(当然这里也可以用别的网络,比如 MLP)。IPOD 在语义分割的基础上生成了稠密的候选物体框,因此在含有大量物体和互相遮挡的场景中效果比较好。IPOD 网络结构如图 8-2-3 所示。

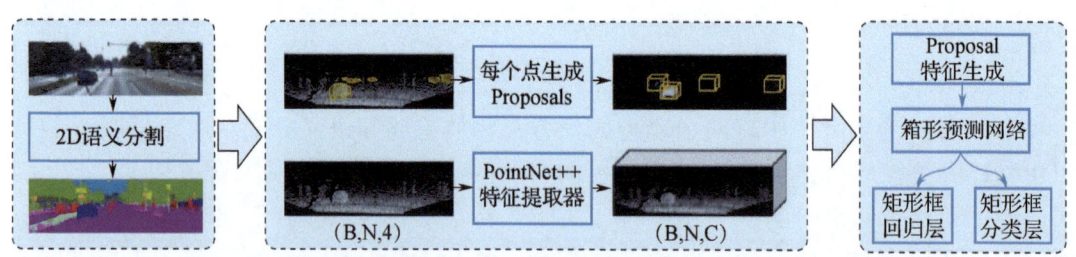

图 8-2-3　IPOD 网络结构

决策 + 特征层融合的特点是以物体候选框为中心来融合不同的特征,融合的过程中一般会用到 ROI pooling(比如双线性插值),而这个操作会导致空间细节特征的丢失。另外一种思路是特征层融合,也就是直接融合多种特征。比如说将点云映射到图像空间,作为带有深度信息的额外通道与图像的 RGB 通道进行合并。这种思路简单直接,对于 2D 物体检测来说效果不错。但是融合的过程丢失了很多 3D 空间信息,因此对于 3D 物体检测来说效果并不好。由于 3D 物体检测领域的迅速发展,特征层融合也更倾向于在 3D 坐标下完成,这样可以为 3D 物体检测提供更多信息。

ContFuse 采用连续卷积(Continuous Convolution)来融合点云和图像特征,如图 8-2-4 所示。融合过程在 BEV 视图下完成。对于 BEV 上的一个像素(网格),首先在点云数据中找到其 K 个最邻近的点,然后将这些 3D 空间中的点映射到图像空间,以此得到每个点的图像特征。同时,每个点的几何特征则是该点到相应 BEV 像素的 XY 偏移量。将图像特征和几何特征合并作为点特征,然后按照连续卷积的做法对其进行加权求和(权重依赖于 XY 偏移量),以得到相应 BEV 像素处的特征值。对 BEV 的每个像素进行类似处理,就得到了一个 BEV 特征图。这样就完成了图像特征到 BEV 视图的转换，之后就可以很方便地与来自点云的 BEV 特征进行融合。ContFuse 中在多个空间分辨率下进行了上述的特征融合，以提高对不同大小物体的检测能力。

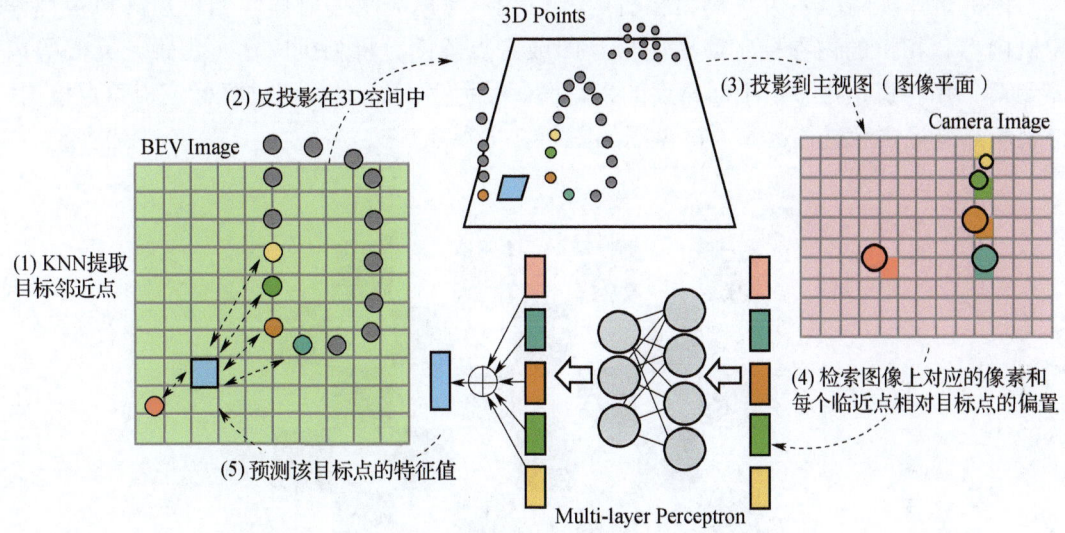

图 8-2-4　利用连续卷积将图像特征投影到 BEV 视图

　　PointPainting 把点云投影到图像语义分割的结果中，这与 IPOD 中的做法类似，如图 8-2-5 所示。但是，PointPainting 没有利用语义分割的结果来分离前景点，而是直接将语义分割的信息附加到点云上。这样做的好处是，融合之后的数据还是点云（但是具有更为丰富的语义信息），可以采用任何点云物体检测网络来处理，比如 PointRCNN、VoxelNet、PointPillar 等。

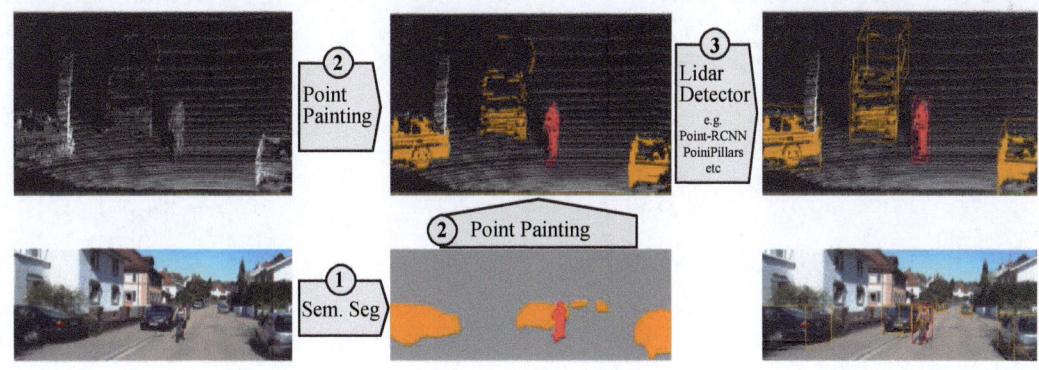

图 8-2-5　PointPainting 的融合流程

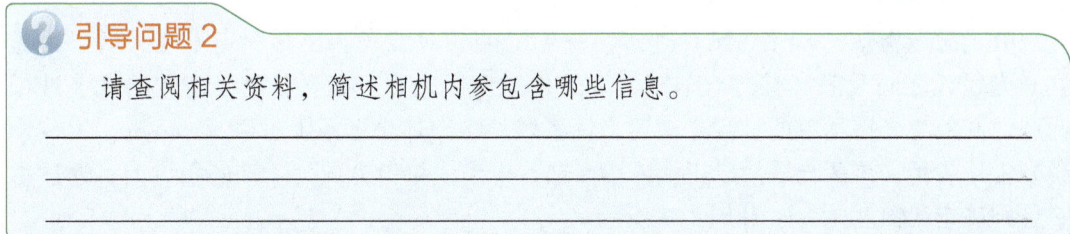

引导问题 2

　　请查阅相关资料，简述相机内参包含哪些信息。

相机内参标定和激光雷达标定

（一）相机内参标定

相机矩阵和畸变系数统称为相机内参，在不考虑畸变的时候，相机矩阵也被称为相机内参；相机的内参标定即采用棋盘图或者点阵图，将相机固定（焦距、光圈等内部元素）。用相机拍摄多组不同角度的棋盘图，然后利用harris算法进行标定板角点检测，得到角点坐标之后进行运算。棋盘图如图8-2-6所示。

图 8-2-6　棋盘图

内参标定输入为像素坐标 u、v 和世界坐标 x、y、z，其中 z 没有定义具体的数值，因为在此处的求解中不会应用到，并且我们在此步也无法求得。那么这些参数是怎么来的呢？ u、v 为图像中棋盘格的角点坐标，与其对应的 x、y 表示该角点在整个棋盘图下的坐标，该坐标系定在棋盘图上，因此我们拍摄5次图像，这些图像相应的坐标应该相同。为了计算时数据的变换较为方便，这里 z 也给出，值为0或1都可，不影响计算。

$$s\begin{bmatrix}u\\v\\1\end{bmatrix}=A[\boldsymbol{r}_1\ \ \boldsymbol{r}_2\ \ \boldsymbol{r}_3\ \ \boldsymbol{t}]\begin{bmatrix}X\\Y\\0\\1\end{bmatrix}$$

$$=A[\boldsymbol{r}_1\ \ \boldsymbol{r}_2\ \ \boldsymbol{t}]\begin{bmatrix}X\\Y\\1\end{bmatrix}$$

用最小二乘法从单应矩阵中可解得图像中棋盘格的角点坐标以及世界坐标中 x、y 的值。

（二）激光雷达标定

由于激光雷达与车体为刚性连接，它们之间相对姿态和位移固定不变，所以为建立激光雷达之间及激光雷达与车辆之间的相对坐标关系，需要对激光雷达的安装进行标定，并使激光雷达数据从激光雷达坐标系转换至车体坐标系上；以 Velodyne VLP-16 激光雷达为例：该激光雷达以正上方为 z 轴，电缆线接口方向为 y 轴的负方向，通过右手定则确定 x 轴方向，如图8-2-7所示。

图 8-2-7　Velodyne VLP-16 激光雷达坐标系

引导问题 3

请查阅相关资料，简述视觉激光雷达联合标定的作用。

_____
_____
_____

视觉激光雷达联合标定

视觉激光雷达联合标定的作用就是建立图像数据和点云数据之间的对应关系，需要获取相机和激光雷达的外参，将点云三维坐标系下的点投影到相机三维坐标系下，还需要通过相机标定获得相机内参，把相机三维坐标系下的点投影到成像平面。

Autoware 最早由名古屋大学研究小组在加藤伸平教授（Prof. Shinpei Kato）的领导下于 2015 年 8 月正式发布。2015 年 12 月下旬，加藤伸平教授创立了 Tier IV，以维护 Autoware 并将其应用于真正的自动驾驶汽车。随着时间的流逝，Autoware 已成为公认的开源项目。Autoware 也是世界上第一个用于自动驾驶技术的"多合一"开源软件。

使用开源无人驾驶软件 Autoware 进行视觉激光雷达联合标定时，首先要用待标定的相机对标定板进行不同位置的拍摄，如图 8-2-8 所示，具体位置可自行调整，在设置好系统参数后即可进行标定。

图 8-2-8　标定板拍摄示例

使用 Autoware 自带的 Calibration Publisher 和 Point Image 节点获得点云-图像融合的 point-image，在 Autoware/Sensing/ 中打开 Calibration Publisher，并将保存好的内外参文件读取进来，打开 Autoware/Sensing 下的 Point Image 节点，在 Rviz 中的 Panels/Add New Panel 内添加 ImageViewerPlugin，填写 Image Topic（本例为 /image_raw）和 Point Topic（本例为 /point_image）。

联合标定效果如果 8-2-9 所示。

图 8-2-9　联合标定效果

> **引导问题 4**
> 请查阅相关资料，简述视觉激光雷达融合应用对汽车环境感知系统的提升。
> _____
> _____
> _____

视觉激光雷达融合实例

目前，视觉激光雷达的融合主要应用于汽车无人驾驶领域（图 8-2-10），以及智能网联汽车的感知系统。传感器的融合应用可促进汽车的智能化，图像和点云的多维度环境数据检测极大地提高了车辆在行驶过程中对周边环境的感知水平，便于汽车稳定的驾驶。在汽车辅助驾驶系统中，视觉激光雷达的融合发挥了超越"眼睛"的作用，为未来智能网联汽车的发展创造了更多可能性。

图 8-2-10　无人驾驶汽车

👥 任务分组

学生任务分配表

班级		组号		指导老师	
组长		学号			
组员角色分配					
信息员		学号			
操作员		学号			
记录员		学号			
安全员		学号			
任务分工					

（就组织讨论、工具准备、数据采集、数据记录、安全监督、成果展示等工作内容进行任务分工）

📝 工作计划

按照前面所了解的知识内容和小组内部讨论的结果，制定工作方案，落实各项工作负责人，如任务实施前的准备工作、实施中主要操作及协助支持工作、实施过程中相关要点及数据的记录工作等，并将结果填入工作计划表中。

工作计划表

步骤	工作内容	负责人
1		
2		
3		
4		
5		

🧘 进行决策

1. 各组派代表阐述资料查询结果。
2. 各组就各自的查询结果进行交流，并分享技巧。
3. 教师结合各组完成的情况进行点评，选出最佳团队。

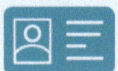 任务实施

职业认证　智能网联汽车测试装调职业技能等级要求（初级）中的智能网联汽车标定任务就涉及多传感器融合测试，通过智能网联汽车测试装调职业技能等级证书（初级）考核可获得教育部1+X证书中的《智能网联汽车测试装调职业技能等级证书（初级）》。

使用视觉进行目标检测，将检测结果的2D bounding box坐标信息投影到点云里，获得3D bounding box坐标。这里需要将摄像头和激光雷达进行联合标定。扫描右侧二维码，了解视觉与激光雷达的融合，并完成下面给出任务。

激光雷达和视觉联合标定

参考操作视频，按照规范作业要求完成激光雷达与视觉联合标定的操作步骤，完成数据采集并记录。

	激光雷达与视觉联合标定		
序号	步骤	记录	完成情况
1	**启动摄像头画面** 1. source devel/setup.bash 2. roslaunch usb_cam usb_cam-test.launch		已完成☐ 未完成☐
2	**摄像头标定** 1. 准备好标定板 2. 输入摄像头标定命令 3. 使用标定板进行标定操作 4. 保存标定参数		已完成☐ 未完成☐
3	**启动激光雷达** 1. 打开擎天柱上的激光雷达按钮与交换机按钮 2. 启动激光雷达点云图		已完成☐ 未完成☐
4	**激光雷达视觉联合标定** 1. 使用上述相机内标定工具执行相机内参标定 2. 调整图像窗口，使棋盘格在雷达的点云图像中出现 3. 空间点和像素点的匹配 4. 保存标定参数文件 5. 启动 RVIZ 6. 运行标定后的参数文件		已完成☐ 未完成☐
总结提升			已完成☐ 未完成☐

评价反馈

1. 各组代表展示汇报 PPT，介绍任务的完成过程。
2. 请以小组为单位，对各组的操作过程与操作结果进行自评和互评，并将结果填入综合评价表中的小组评价部分。
3. 教师对学生工作过程与工作结果进行评价，并将评价结果填入综合评价表中的教师评价部分。

综合评价表

班级		组别		姓名		学号	
实训任务							
评价项目		评价标准			分值	得分	
小组评价	计划决策	制定的工作方案合理可行，小组成员分工明确			10		
	任务实施	能够正确检查并设置实训工位			10		
		完成激光雷达与视觉联合标定			30		
		能够规范填写任务工单			20		
	任务达成	能按照工作方案操作，按计划完成工作任务			10		
	工作态度	认真严谨、积极主动，安全生产，文明施工			10		
	团队合作	小组组员积极配合、主动交流、协调工作			5		
	6S 管理	完成竣工检验、现场恢复			5		
		小计			100		
教师评价	实训纪律	不出现无故迟到、早退、旷课现象，不违反课堂纪律			10		
	方案实施	严格按照工作方案完成任务实施			20		
	团队协作	任务实施过程互相配合，协作度高			20		
	工作质量	能准确完成任务实施的内容			20		
	工作规范	操作规范，三不落地，无意外事故发生			10		
	汇报展示	能准确表达、总结到位、改进措施可行			20		
		小计			100		
综合评分		小组评价分 ×50% + 教师评价分 ×50%					
总结与反思							

（如：学习过程中遇到什么问题→如何解决的/解决不了的原因→心得体会）

任务三 实现激光雷达与 IMU 融合的应用

学习目标

- 了解激光雷达与 IMU 融合。
- 掌握 IMU 标定和激光雷达标定。
- 了解激光雷达与 IMU 融合实例。
- 掌握激光雷达与 IMU 融合标定的方法,立足技能,培养勤于实践的精神。
- 在分工协作完成实训任务的过程中感受团队协作的重要性,树立团队意识。

知识索引

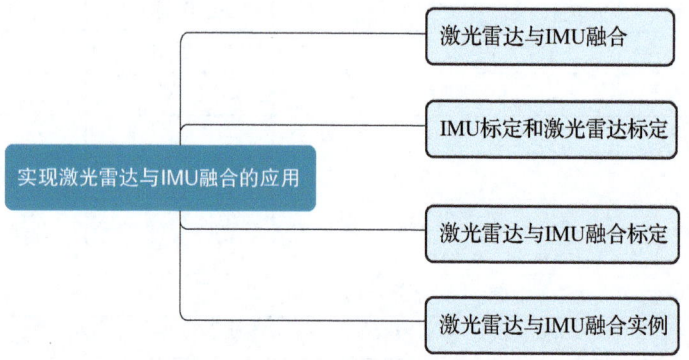

情境导入

目前,在自动驾驶、自主测绘、机器人等自主化相关领域,同时定位与建图 (slam) 是其中的一项非常重要的基础性技术。某传感器公司正在测试激光雷达与 IMU 融合,你作为产品测试工程师,需对激光雷达与 IMU 进行融合测试,并提交测量结果输出报告。

获取信息

引导问题 1

请查阅相关资料,简述激光雷达与 IMU 融合。

_____

_____

激光雷达与 IMU 融合

在进行大规模场景下的地图构建时，单纯地使用激光传感器无法很好地完成地图构建工作，这时需要使用不同的传感器，进行多传感器的融合以实现位姿矫正，获取多种数据来提高地图构建的精度，最终完成复杂的大规模场景地图构建。

在实际的应用中，为了矫正激光雷达所得到的位姿信息，一般配合使用 IMU，IMU 采集自身运动的姿态信息，可以很好地矫正激光雷达的姿态信息。智能网联汽车定位系统架构如图 8-3-1 所示。

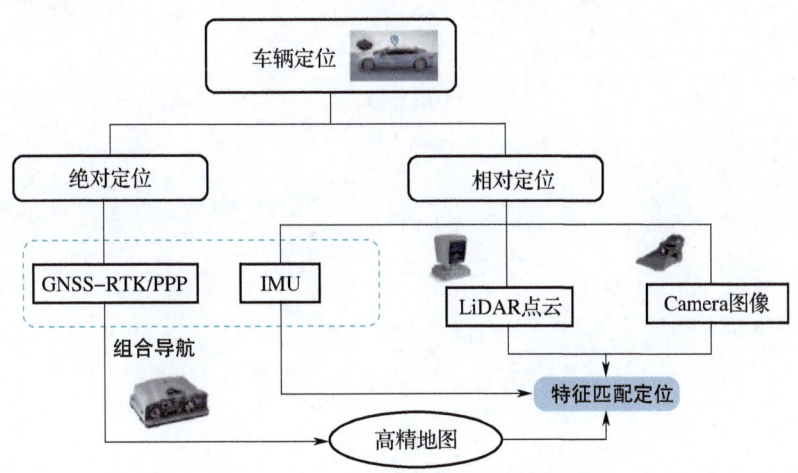

图 8-3-1 智能网联汽车定位系统架构

在智能网联汽车的定位系统架构中，惯性导航系统一般是与 GPS 组合使用的，前文中提到的惯性导航系统可以弥补 GPS 导航信号有时接收不到的短板，而激光雷达与 IMU 的融合应用可提升智能网联汽车定位系统的性能，通过传感器特征的融合，能够更准确地感知车辆行驶中所处的外部环境数据，使得定位更加精准，还能构建出高精度的地图进而推动智能网联汽车智能化、自动化的发展。

引导问题 2

请查阅相关资料，简述 IMU 标定和激光雷达标定。
_____
_____

IMU 标定和激光雷达标定

MEMS 器件的误差一般分成两类：系统性误差和随机误差。系统性误差本质就是能找到规律的误差，所以可以实时补偿，主要包括常值偏移、比例因子、轴安装误差等。而随机误差一般指噪声，无法找到合适的关系函数去描述噪声，所以很难处理。为此，一般采用时间序列分析法对零点偏移的数据进行误差建模分析，当然也可以用卡尔曼滤波算法减小随机噪声的影响。下面从系统误差、随机误差两个方面分析 IMU 组件的标定过程。

IMU 的误差主要来自三部分，包括噪声（Bias and Noise）、尺度因子（Scale errors）和轴偏差（Axis misalignments）（图 8-3-2）。加速度计和陀螺仪的测量模型可以用下式来表达。

$$a^B = T^a K^a (a^S + b^a + v^a)$$
$$w^B = T^g K^g (w^S + b^g + v^g)$$

式中，上标 a 表示加速度计，g 表示陀螺仪，B 表示正交的参考坐标系，S 表示非正交的选准坐标系；T 表示轴偏差的变换矩阵；K 表示尺度因子；b，v 分别表示 Bias（随机游走）和白噪声。

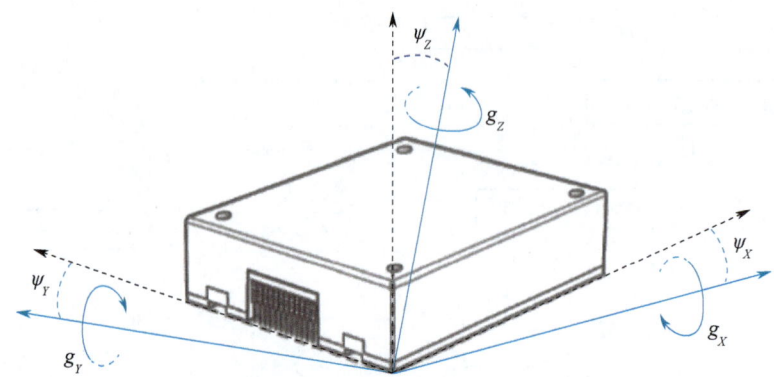

图 8-3-2　Velodyne 轴偏差示意图

具体方法是利用非线性优化的方式，对采集的数据进行数据处理，最终估计出三个矩阵，再通过上面的计算方式，便得到 IMU 组件的"真值"。

陀螺仪的随机误差主要包括量化噪声、角度随机游走、零偏不稳定性、角速率随机游走、速率斜坡和正弦分量。对于这些随机误差，利用常规的分析方法，例如计算样本均值和方差，并不能揭示出潜在的误差源。在实际工作中通过对自相关函数和功率谱密度函数加以分析将随机误差分离出来是很困难的。

要对陀螺信号进行预处理首先需要对其噪声成分进行辨识。Allan 方差分析法是目前最常用的陀螺噪声辨识方法之一。由于 Allan 方差分析是通过调节 Allan 方差滤波器带宽，对功率谱进行细致分割，能够辨识出多种不同类型的随机过程误差，并定量分离各项误差系数，而且算法上操作简单、便于计算，在陀螺噪声辨识方面优势明显。

激光雷达的标定参见任务二。

引导问题 3

请查阅相关资料，简述激光雷达与 IMU 融合标定需要标定什么？

激光雷达与 IMU 融合标定

激光雷达与 IMU 融合标定需要标定激光雷达的外参、IMU 内参、激光雷达与 IMU 之间的位姿。

找到一个标志物，如一个大纸箱，确定某一个角为角点（由于采用的是 16 线激光雷达，如果同时拾取 4 个角为角点，计算出来的误差很大，所以需要一个算法自动计算出纸箱上表面的中心点位置）。假设这个标志物在地图坐标系中的坐标为 $A(a, b, c)$，通过无人机搭载激光雷达和组合惯导来采集该标志物，通过点云可以看到该标志物，而且可以得到该标志物对应角点在雷达坐标系中的坐标（x_1, y_1, z_1），时间戳对齐后，可以提取出该帧对应的四元数（q_w, q_x, q_y, q_z）及 GPS 经度、纬度、海拔。

通过四元数可以算出相对地图坐标系的旋转矩阵，GPS 可以得到相对地图坐标系的平移，得到变换矩阵 M_1，如图 8-3-3 所示。

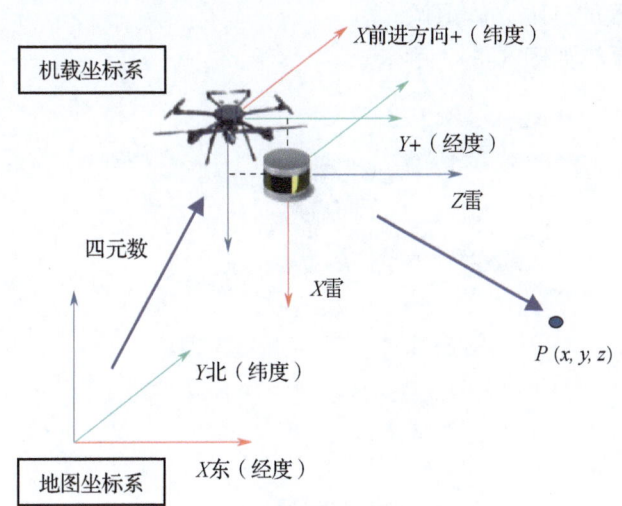

图 8-3-3　机载坐标系与地图坐标系

假设雷达坐标系到惯导坐标系的平移旋转矩阵为 M_0，那么标志物对应角点在地图坐标系中的位置就可以通过四元数和 GPS 计算出来：

$$\begin{bmatrix} a \\ b \\ c \\ 1 \end{bmatrix} = M_1 \left(M_0 \begin{bmatrix} x_1 \\ y_1 \\ z_1 \\ 1 \end{bmatrix} \right)$$

由公式可知 (a, b, c) 和 M_0（4×4）是不变的，M_1 和角点在雷达坐标系中的位置是可以知道的，那么如果知道多组（至少 5 组）数据，就可以求出 (a, b, c) 和 M_0（4×4）了。

当然，在实际的应用中我们可以通过计算机软件进行数据提取、计算、验证，最终完成传感器的标定。

> **引导问题 4**
>
> 请查阅相关资料，简述激光雷达与 IMU 融合的作用什么？
>
> _____
>
> _____

激光雷达与 IMU 融合实例

机载激光雷达系统主要由激光测距单元、光学控制扫描单元、差分 GPS、惯性测量单元（IMU）和控制单元等主要部分组成。其中，差分 GPS 能够得到扫描仪在空中的三维精确位置，惯性测量单元（IMU）能测量出扫描仪在空中的姿态参数（侧滚角、俯仰角、航偏角），扫描单元可以精确测定扫描仪到地面点的距离，根据几何原理就可以算出地面上各激光采样点的三维值、反射率和纹理等信息，用此数据进行成像处理后，就可得到精确的三维立体图像。

无人机载雷达系统如图 8-3-4 所示。

图 8-3-4　无人机载雷达系统

任务分组

学生任务分配表

班级		组号		指导老师	
组长		学号			
组员角色分配					
信息员		学号			
操作员		学号			
记录员		学号			
安全员		学号			
任务分工					

（就组织讨论、工具准备、数据采集、数据记录、安全监督、成果展示等工作内容进行任务分工）

工作计划

按照前面所了解的知识内容和小组内部讨论的结果，制定工作方案，落实各项工作负责人，如任务实施前的准备工作、实施中主要操作及协助支持工作、实施过程中相关要点及数据的记录工作等，并将结果填入工作计划表中。

工作计划表

步骤	工作内容	负责人
1		
2		
3		
4		
5		

进行决策

1. 各组派代表阐述资料查询结果。
2. 各组就各自的查询结果进行交流，并分享技巧。
3. 教师结合各组完成的情况进行点评，选出最佳团队。

任务实施

激光雷达与 IMU 的外参是 LiDAR 局部坐标系与世界坐标系之间转换的桥梁，是数据使用的关键参数。扫描右侧二维码，了解激光雷达与 IMU 融合标定过程，并完成下方任务。

激光雷达与 IMU 融合标定

参考操作视频，按照规范作业要求完成激光雷达与 IMU 融合标定的操作步骤，完成数据采集并记录。

激光雷达与 IMU 融合标定			
序号	步骤	记录	完成情况
1	设置激光雷达相对位置		已完成□ 未完成□
2	启动激光雷达与 IMU		已完成□ 未完成□
3	查看话题		已完成□ 未完成□
4	录制 rosbag 包		已完成□ 未完成□
5	移动擎天柱台架		已完成□ 未完成□
6	复制 rosbag 包到 home 路径		已完成□ 未完成□
7	启动标定程序		已完成□ 未完成□
8	生成标定文件		已完成□ 未完成□
总结提升			已完成□ 未完成□

评价反馈

1. 各组代表展示汇报 PPT，介绍任务的完成过程。
2. 请以小组为单位，对各组的操作过程与操作结果进行自评和互评，并将结果填入综合评价表中的小组评价部分。
3. 教师对学生工作过程与工作结果进行评价，并将评价结果填入综合评价表中的教师评价部分。

综合评价表

班级			组别		姓名		学号	
实训任务								
评价项目			评价标准			分值	得分	
小组评价	计划决策		制定的工作方案合理可行，小组成员分工明确			10		
	任务实施		能够正确检查并设置实训工位			10		
			完成激光雷达与 IMU 的融合实训			30		
			能够规范填写任务工单			20		
	任务达成		能按照工作方案操作，按计划完成工作任务			10		
	工作态度		认真严谨、积极主动，安全生产，文明施工			10		
	团队合作		小组组员积极配合、主动交流、协调工作			5		
	6S 管理		完成竣工检验、现场恢复			5		
	小计					100		
教师评价	实训纪律		不出现无故迟到、早退、旷课现象，不违反课堂纪律			10		
	方案实施		严格按照工作方案完成任务实施			20		
	团队协作		任务实施过程互相配合，协作度高			20		
	工作质量		能准确完成任务实施的内容			20		
	工作规范		操作规范，三不落地，无意外事故发生			10		
	汇报展示		能准确表达、总结到位、改进措施可行			20		
	小计					100		
综合评分			小组评价分 ×50% + 教师评价分 ×50%					
总结与反思								

（如：学习过程中遇到什么问题→如何解决的 / 解决不了的原因→心得体会）

参 考 文 献

[1] 徐念峰，詹海庭. 智能网联汽车智能传感器安装与调试 [M]. 北京：机械工业出版社，2022.
[2] 杨宗平. 智能网联汽车传感器技术 [M]. 北京：人民交通出版社，2022.
[3] 崔胜民，卞合善. 智能网联汽车环境感知技术 [M]. 北京：人民邮电出版社，2020.
[4] 陈宁，邹德伟. 智能网联汽车环境感知技术 [M]. 北京：机械工业出版社，2021.
[5] 万鑫铭. 智能网联汽车信息安全发展报告 2021 [M]. 北京：社会科学文献出版社，2021.
[6] 崔胜民. 一本书读懂智能网联汽车 [M]. 北京：化学工业出版社，2019.
[7] 杨建国，李静森. 智能网联汽车制造人才现状需求与培养 [M]. 成都：西南交通大学出版社，2021.